楽健寺酵母で
パンを焼く

りんご＋にんじん＋長いも＋
ごはんで天然酵母

山内 宥厳
Yugen Yamanouchi

CONTENTS

CONTENTS

写真/森田 容実
スタイリング/深川 あさり
イラスト/永野 舞

本書の使い方

●レシピは手ごねでつくりやすい分量になっています。ホームベーカリーではちょうど一斤分です。

●大さじ1は15ml、小さじ1は5mlです。

●パン種の水分量は材料や作り方、醗酵具合によって変わるため、いつも同じとは限りません。強力粉や水の分量は、こねているときの生地の状態にあわせて、加えたり減らしたり適宜調整し、耳たぶほどの固さの生地にこねあげてください。

●砂糖は、三温糖やきび砂糖、てんさい糖がおすすめです（→p.11参照）。

●油脂は、バター、マーガリン、植物油（太白ごま油、菜種油、オリーブオイル）などお好みのものをお使いください（→p.16参照）。

●レシピの温度や焼き時間は、コンベクションのガスオーブンを基準にしています。オーブンは種類（電気、ガス）、メーカーによって、性能や焼き具合などが違います。レシピの時間を目安にしながら、使用するオーブンのクセにあわせて温度・時間の設定を調節してください。電気オーブンの場合、もう少し時間がかかるでしょう。

楽健寺酵母でパンを焼いてみませんか

生きているパン、完熟したパン

りんご、にんじん、長いも、ごはん、どれも身近で手に入りやすい素材。

そこにスターターを加えて一晩かけてじっくり醗酵させて、楽健寺酵母のパン種（酵母種）をつくります。

楽健寺の天然酵母パンは、このパン種と小麦粉を合わせてパン生地をこね、一次醗酵と二次醗酵で4時間以上熟成させてから焼きあげます。

まさに〝醍醐味まで完熟させたパン〟なのです。

ケミカルイーストが発明されて以来、パンづくりにおける醗酵は、インスタントイーストを使って「ふっくらふくらませる」ことが目的になってしまいました。

命の有用な糧《かて》である醗酵食品としてのパンでなくなってしまっ

たにもかかわらず、そのことに気づかないままつくられ、醗酵食品だと思われて売られるようになってきたのです。

楽健寺の天然酵母パンは、素材が酵母（食品微生物）のはたらきによって醗酵して別の化合物として生まれ変わる、つまり醗酵食品としての完熟したパンになるのです。

味噌やお酒と同じ「醗酵食品」が本来のパンです。パン生地がふくらむというのは、醗酵というはたらきの目に見える一部なのです。

完熟したパンには、果物や野菜、穀物を材料に、酵母菌という食品微生物が醸し出した栄養（必須アミノ酸）や風味やうまみがぎっしりつまっています。

酵母がしっかりはたらいているので、ガチガチではなく、よく耕された畑のように、やわらかく焼きあがります。

ごはんのように、それだけを食べてもおいしく、毎日食べても飽きのこない滋味あふれるパン。

そんなパンづくりをぜひ、あなたも体験してみてください。

花のように香る、深い味わいの「わが家のパン」

焼きあがったパンをちぎると、香ばしさとともに、花のような香りが広がります。

噛むたびに、少し酸味も含んだ深い味わいが感じられてきます。市販の天然酵母や、インスタントイーストではけっして生まれない、酵母が元気にはたらいてくれた風味のメッセージです。

酵母は生きものですから、そのときの素材の状態や、醗酵の環境のちょっとした変化で、パン種やパン生地のできは、ずいぶんと違ってくることがあります。ときにはあなたの体調の良し悪しもパンの醗酵に影響することもあります。

ですから、材料の分量や手順、時間をきちんと守っていても、うまくいかないことがあるかもしれません。

そんなときは、酵母のつくり方、時間、温度管理を見直すだけでなく、酵母や生地そのものにも目を向けてみてください。香りや手触り、張りや色つやなどの見た目がいつもあなたにサインを出しています。

それを読みとって、そのときに一番いい状態にもっていく。その手助けをする。

パン種や生地と対話しながらパンづくりをすることが、おいしいパンをつくる一番の秘訣です。


分量や時間にしばられず、いつでも酵母や生地の声を聞きながら、愛情をこめて取り組んでください。

つくっているうちに、あなたのうちの環境になじむように、パン種にも家庭ごとの個性が出てきます。

そして、できるパンも、個性豊かで深い味わいの「わが家だけのパン」になっていきます。


家庭だからこそつくりだせるおいしさです。

かわいいわが子に接するような気持ちで、あなたも一緒になって楽しんで、楽健寺酵母を育ててください。

楽健寺酵母パンづくりの基本

パン種づくり用のスターターを準備する

楽健寺の天然酵母パンは、はじめにパン種をつくります。このパン種が、売られているドライイーストや「○○○天然酵母種」といった〝パンイースト（パン酵母）〟にあたります。つまり、楽健寺の天然酵母パンの場合は、パンイーストそれ自体を全部自分でつくるというやり方です。

楽健寺のパン種は、りんご、にんじん、長いも、ごはんなどを培養基にして、「スターター」となる酵母（微生物＝菌）を加えて、醗酵させてつくります。初めてつくるときのスターターには、次のうちひとつを準備してください。

1 楽健寺パン工房の元種（↓購入方法はp.75）
2 市販の天然酵母パン用のドライ酵母
3 市販の果汁酵素液（例：バイエム酵素、大和酵素、大高酵素など）
4 果物や穀物などから起こした自家製酵母の液種（例：レーズン酵母、ライ麦酵母など）

スターターは、果物や野菜・ごはんといったパン種の材料の醗酵を促す（きっかけをつくる）役割なので、どんな酵母でもかまいません。はじめての方でもつくりやすいのは、1や2を使う方法です。とくに、手間をかけず簡単に、最初から深い味わいのパンをつくりたいという方は、1の楽健寺の元種をスターターにすることをおすすめします。3や4を使った場合、ふっくらとしたパンにするためには、同じ手順を何度も繰り返して醗酵力を強くさせることが必要なので、とても面倒です。

楽健寺のパン種は、スターターの酵母の力で醗酵が

楽健寺酵母パンづくりのプロセス

〜「わが家の酵母」を育て続けるパン種づくり〜

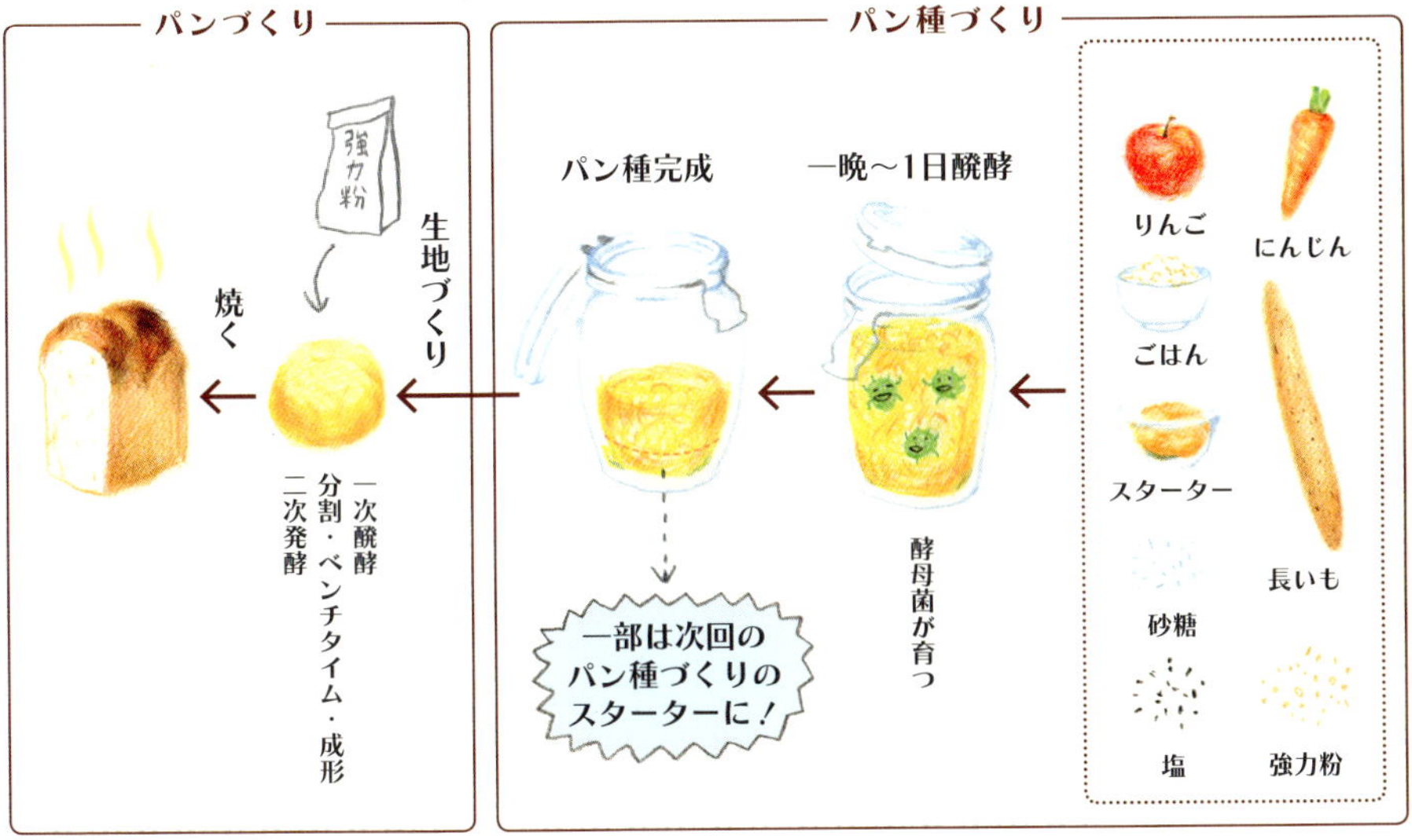

すすみ、パンづくりに使えるパン種になるのですが、醗酵段階で育つのは、スターターの酵母だけではありません。りんご、にんじん、長いも、ごはんなどに付いている酵母や空気中の酵母なども一緒に育ちます。パン種にはいろいろな酵母が仲よく暮らしているわけです。純粋培養されて醗酵力の強い菌だけのかたまりである市販のドライイーストとの大きな違いです。

　そうしてできあがったパン種は、すべてをパンづくりに使うのではなく、毎回少し残しておき、次回のパンづくりの〝スターター〟に使います。楽健寺のパン工房でも、30数年前に太陽酵素という市販の果汁酵素液をスターターに用いてパン種をつくり、パンを焼くたびに継ぎながら使い続けています。そうやってパン種を育てていくことで、豊かな香りや、味わい深いおいしさのある酵母になってきました。

　ぜひみなさんもパン種を育て続けてみてください。あなたのうちの環境になじんだ酵母たちがはたらき、あなたならではの酵母に育っていくことでしょう。

パン種をつくる

材料 《できあがり 約700g》

りんご…100g
にんじん…100g
長いも…70g
ごはん…80g
砂糖…40g
塩…約1g
スターター*
　①楽健寺パン工房の元種もしくは前回のパンづくりで残したパン種がある場合…100g
　②市販の天然酵母パン用のドライ酵母を使う場合…1g
強力粉…適量
水…適宜（※ミキサーのときのみ　羽を傷めないため）

*②は、はじめの1回だけ市販のパン酵母を使う方法です。ぬるま湯などで戻したりせず、そのまま加えて混ぜます。

最初は使ったパン酵母の性質が強くあらわれ、そのパン酵母の標準的な醗酵時間で醗酵のピークがきます（35度で保温した場合、市販の天然ドライ酵母なら45分ほど）。できあがったパン種をパンづくりやパン種用のスターターにして繰り返し使っていくうちに、さまざまな酵母がパン種に混ざりあい、野生酵母本来の性質があらわれてくるようになります。醗酵サイクルも、2回目からは楽健寺の元種を使ったときと同じ2時間強に変わります。さらに楽健寺の風味があらわれ、カビの生えにくい醗酵食品としての完熟パンができるようになります。

※スターターに市販の果汁酵素液や、果物や穀物などから起こした自家製酵母の液種などを使う場合は、適量が酵母によって変わるので、何度か試してみてください（水は加えません）。使えるパン種になるまでには、数回以上パン種づくりとパンづくりを繰り返し、よくふくれたパンが焼けるようになるまで、酵母を鍛えて醗酵力を高めてください。

スターターが用意できたら、パン種づくりにとりかかりましょう。パン種の仕込みには20分とかかりません。室温で一晩（7時間前後）おいてアルコールの匂いがしてくるまで醗酵させれば、パンづくりに使えるパン種ができあがります。このパン種のでき具合が、パンのしあがりを左右しますので、あまり慌てず、パン種がきちんと醗酵したのを見極めることが大切です。

●材料選びのポイントと注意したいこと

スーパーなどで身近に入手可能な材料でベストにしあげるのが、パンづくりに限らず、健康な料理のあり方だと、私は思います。パン教室でも、「手間をかけて、自分で料理することが大事」と指導しています。オーガニックの材料でなくてはいけないということはありません。とはいっても、新鮮な生命力あふれる材料で気持ちを込めてつくれば、やはりよりおいしいパンができます。材料選びの参考として、楽健寺パン工房で使用しているものを紹介します。

◎りんご、にんじん、長いも：入手可能な季節には、有機農法で育てられたものを、皮ごと使っています。慣行農法でつくったものよりも、醗酵が強く盛んで、勢いが違う気がします。酵母のできは、パンのしあがりにも影響するので、材料は新鮮なもの、納得のいくものを使ってください。

◎ごはん：玄米でも白米でも、どちらでもかまいません。玄米のほうがパンの味に深みがでます。炊きたてのごはんはすこし冷ましてあら熱をとり、冷凍ごはんは解凍して使います。

◎砂糖：ミネラルを多く含んでいて、ほどよい香りと味わいがある三温糖やきび砂糖やてんさい糖などを使いましょう。適度なコクとクセがうまみになります。黒砂糖は少しクセが強すぎるので、楽健寺酵母独特のフレーバーが損なわれます。白砂糖を使うと、味に重み（深み）がなく、軽い感じになり、物足りないしあがりになります。

※蜂蜜は、インドの生命科学「アーユルヴェーダ」では、熱をかけることで毒が出て、からだの管（スロータス）を詰まらせる食材とされているため、なるべくさけたほうがいいでしょう。

◎塩：砂糖同様、さまざまなミネラルが含まれている「自然塩」がよいでしょう。パン生地の味もまろやかになります。

〈材料を仕込む〉

【おろし金を使う場合】

①りんご（芯は取り除いておく）、にんじん、長いも、は皮つきのまま、おろし金ですりおろす。そこにごはんを加える。

※目の細かいおろし金を使い、やさしくすりおろす。細かくすりおろすと醗酵しやすい。早くすりおろそうとして力を入れるときめが粗くなり、醗酵力が若干弱くなる。ミキサーを使うほうが分子が細かくなり酵母のはたらきが盛んになる。

②塩、砂糖を入れてスターター（写真は楽健寺の元種）を加え、よく混ぜ合わせる。

③ふるいにかけた強力粉を少しずつ加えて混ぜ合わせ、どろりとした、味噌よりやわらかい状態のかたさになるよう調節する。

※粘度があることで膜ができ、醗酵で発生したガスが逃げないため、種が持ちあがり、醗酵の具合がわかる。スプーンですくって、もったりとして持ちあげられる程度がちょうどよい。ただし、強力粉の入れ過ぎには注意。分量どおりに仕込むと、全体で700g程度になる。

④③を広口ビンなどの容器に移す。よく醗酵するとパン種が倍程度にふくれあがるので、入れる量は容器の半分程度を目安にする。

※酵母が呼吸できるようにフタはピッチリ閉めない。乾燥しないように布きんや

【ミキサーを使う場合】

①りんご（芯は取り除く）、にんじん、長いもは皮つきのまま適当な大きさに切り、ごはん、塩、砂糖とともにミキサーに入れる。

②ミキサーが回るようになるまで水を少しずつ加え、どろりとしたジュース状にし、ボウルにあける。強力粉を加えて粘度を調整する。

※水を加え過ぎないように注意する

（③以降は、おろし金でつくるときの手順と同じ）

醗酵してくると、種の表面からぷつぷつ気泡が出てくる。

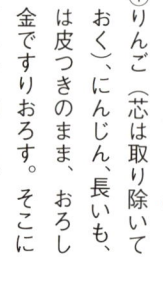

〈醗酵させる〉

⑤

④

ラップを軽くのせるとよい。

※醗酵してどれぐらい持ちあがったかがわかるよう、最初のパン種の量のところに輪ゴムをビンの外側にまいておく。

⑤醗酵してくると、ガスが生成されて倍程度にふくれてくる（醗酵のピーク）。完熟醗酵する一歩手前なので、この段階でパンづくりにとりかかると、あまりふくらまないかたいパンになったりすることもある。

醗酵温度と時間の目安

醗酵がすすむためには、35～40度程度の温度が必要です。高い温度であれば醗酵は早くすすみ、低い温度であれば醗酵はゆっくりすすみます。パン種を酵母がもっともはたらきやすい環境である35～40度程度で保温しておくと、楽健寺パン工房のパン種を使った場合は約2時間10分で醗酵がピークに達します。この状態のパン種をすぐに使ってパンを焼くと、だいたいはふくらむけれども、ふくらまないで失敗することもあります。また深みのある味にはなりません。

なんどか失敗を繰り返しながらわかってきたことですが、失敗しないためには室温で一定の時間（7～9時間以上）醗酵させ、ガスが抜けて下がり、アルコールの匂いがたつまで熟成させることが必要です。「落ちてから使う」と覚えてください。

それ以降は、そのままの温度で醗酵させると、時間が経つにつれて酸味が増していきますので、パンに使ったあとは冷蔵します。

〔醗酵温度と時間の目安〕

・室温：7～9時間（一晩～半日）。アルコールの匂いがでるまで待つこと

・25度以下：20時間以上

・20度前後：まる1日以上

⑥

⑥醗酵のピークを過ぎると、やがてガスが抜けて⅔から元の分量程度まで高さが下がり、アルコールの匂いがしてくるようになる。この状態以後になれば、冷蔵庫に保存しつつ1カ月程度はパン種として使うことができる。

※できたパン種は味見して甘みを覚えておく。フルーティーで甘く、香りがとてもいい。この味をしっかり覚えて、いつもこのかたさ加減と甘さ加減にしあげる。

醗酵のできあがりを判断するには……

醗酵したかどうかの判断は、時間ではなく、香り＝アルコールの匂いがするようになってきたかどうかで決める。パン種を仕込んで醗酵がピークになると、増殖した酵母の出す炭酸ガスが表面から抜けて、つくったときの高さまで下がり、強いアルコールの匂いがするようになる。楽健寺の天然酵母パンづくりでもっとも大事なのは、このアルコールの匂いのするパン種ができあがっていることです。

醗酵によりガスが生成されて倍程度にふくれたところから元の高さまで戻るときも、容器の形によってガスの抜け具合に違いがでます。鍋のような広口の容器だと高さが下がりますが、細口の縦長の瓶などはガスが抜けにくく下がらないことがあります。

アルコールの匂いを確認したら、それ以上過醗酵しないよう、冷蔵庫に保管してください。

パン種の状態	香り	みための変化
△	だんだん甘酸っぱい香りがしてくる	種が倍程度にふくらむ 表面の気泡がぶつぶつたくさん出てくる
◎	甘酸っぱいフルーティーな香りに加えて、アルコール臭がしてくる	気泡の出方が落ち着いてくる
×	すっぱい香り（なめると酸味、えぐみがする）	水分と材料が分離して、水分が下に沈んでいる

〈できたパン種を保存する〉

●パンづくりに使う

できあがったパン種でパンづくりをする。パン種があまった場合は、乾燥しないようにラップなどをして、涼しいところで保管（20度を超えるようなときは冷蔵庫で。ビンなどに移し替えて保管するときは、醗酵させるときと同様、パン種を入れる量は、容器の容量の½程度にし、完全には密封させない。保管中でも醗酵がすすんでいるので、あふれ出たり、破裂したりすることもある）。おいている間も醗酵がすすみ、しだいに酸味が強くなってくるので、2〜3週間を目安にパンづくりに使う。醗酵のすすみ具合によっては、ややパンが小ぶりになったりすることもある。それ以降は醗酵力が衰え、上手にパンが焼けない場合がある。パンづくりには、毎回新しく仕込んだパン種を使うようにする。

●次回のスターター用に取っておく

ビンなどに入れて、冷蔵庫で保存する。ビンは熱湯で殺菌し、乾かして温度が下がったものに入れる。ビンの口はピタッと閉めずに少し空気が入るようにしておく（かなり長期的に保存できることがわかっています）。

パン種の量が足りないからといって、途中で保存中のビンの中に材料を中途半端に継ぎ足したりすると、腐敗などがおこり、かえって失敗につながる。スターターの量が少なくても、きちんと醗酵するので心配はいらない（ただし、醗酵の時間が少し長くかかることもある）。

また、パン種は乾燥させて保存することもできる。できのいいパン種を洋食皿に薄くのばして常温もしくは冷蔵庫で乾燥させ、砕いたものを保存しておけば、スターターとして長期保存がきき、いつでも使える。外国などへ持って行くときにも便利。使うときは、乾燥させたパン種をそのまま加えればよい。

●お菓子や料理に使う

あまったパン種はお菓子づくりや料理にも使える（→p.56〜）。

プチパンをつくる
——オーブンによるパンづくりの基本

楽健寺酵母を使ったパンづくりの基本とポイントを、プチパンでマスターしましょう。テーブルロールにもぴったりのプチパンは、初心者の方でもつくりやすいです。パンづくりに取りかかるときは、パン種からアルコールの匂いがしていることを必ず確認してください。

材料　《できあがり全量　約500g》
強力粉…280g
パン種…130g
砂糖…14g
塩…5g
油脂…5〜10g
水…175ml

●材料選びのポイントと注意したいこと

◎強力粉：国産小麦でも、外国産小麦でも、入手しやすいものを使ってください。

◎油脂：バター、マーガリン、太白油（生ごま油）、オリーブオイル、などお好みの油脂でどうぞ。油の持ち味でできあがったパンの風味が変わります。楽健寺酵母パンの独特のフルーティーな香り（もしパンの花が咲いたらこんな香りか、と思うような）を生かすという点では、太白油やオリーブオイルなどといった、色が淡い植物油もおすすめです。特有のやさしい香りが楽しめます。なお、油脂には生地をしっとりしあげる役割もあるので、最低5gは使用されることをおすすめします。

◎水：水が冷たすぎると、生地のこねあがる温度が低くなり、酵母菌のはたらきが弱くなるので、冬場はぬるま湯（30度前後）にするとよいでしょう。逆に気温が25度以上となる真夏は、じっくり醗酵がすすむよう、冷水（5度前後）を使います。

〈材料を混ぜる〉

①

②

③

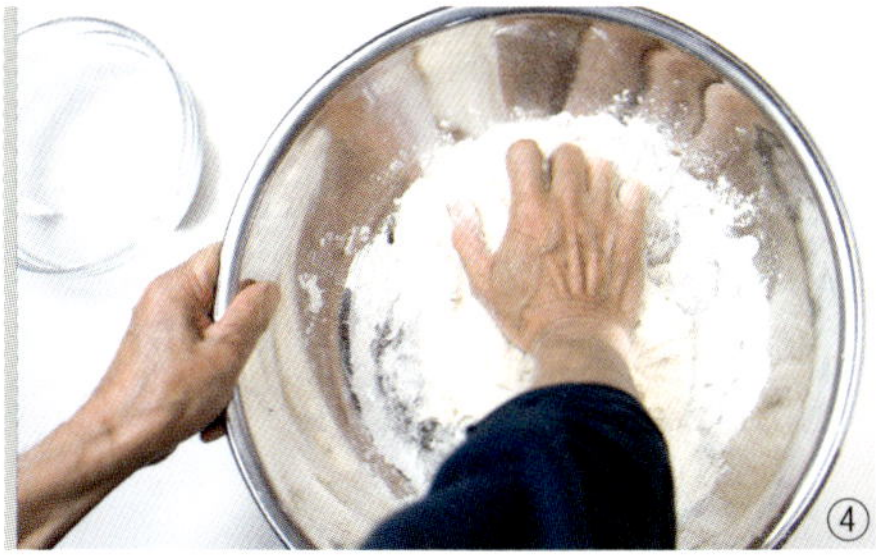
④

①ボウルに砂糖、塩、パン種を入れ、水を加えてスプーンや木ベラなどでよくかき混ぜて砂糖や塩を溶かす。

②ふるいにかけた強力粉を①に加え、スプーンや木ベラなどで混ぜる。

③強力粉と水とがなじんだら油脂を加えてさらに混ぜる。

※粉は一度に全量入れず、1～2割ほど残しておく（手順④・⑤で、生地の状態をみながら強力粉を加える）。

④粘りが出てきたら手でこねる。生地が一つにまとまり、ボウルにくっつかなくなってきたらOK。

★粉と水の量は生地と相談しながら調整

パン種の水分量は、つくり方によって変わるため、こねながら生地の状態を見て、粉を加えたり、水を加えたりと、微調整しながら、耳たぶほどのかたさになるようこねあげる。生地がベタついてやわらかすぎるときは粉を加え、反対にかたすぎるときは水を加えて調整する。

★パン種の分量について

この本では130gを基本としましたが、私のパン教室の生徒さんには80～90gと少ない量で実践している方もおられます。

パンづくりを積み重ねていく中で、ご自分のつくりやすい分量を探してください。

〈生地をこねる〉

⑤

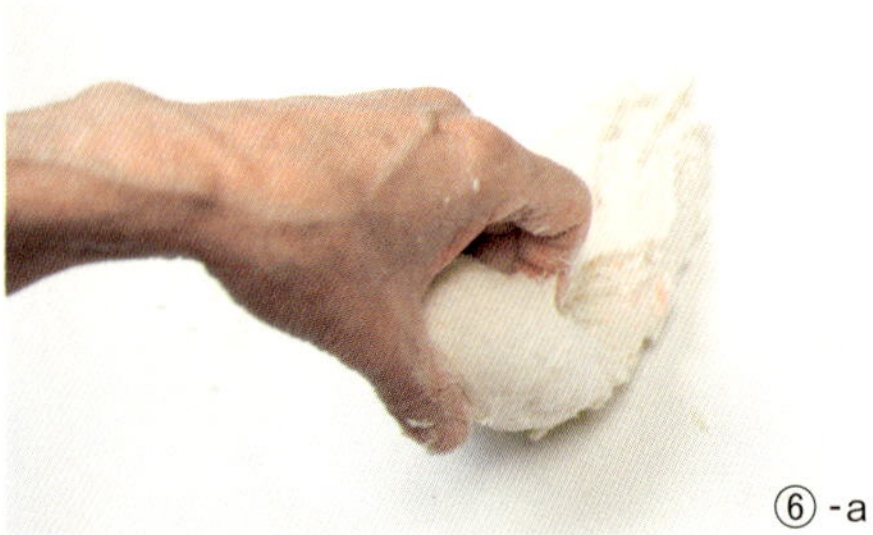

⑥-a

⑥-b

⑦

⑧

⑤生地をボウルから平らな台に取り出し、耳たぶほどのかたさで、表面に少しつやのある生地になるまでこねる。

⑥生地を持ちあげて叩きつけるような気持ちで軽く落とす（a）→生地の手前を奥にかぶせるようにする（b）→また生地をすくいあげて落とす…をくり返す。生地を落とす際、生地と台とが接する箇所（面）を毎回少しずつずらし、生地に均一に力を加えるようにする。はじめはやわらかいが、しだいにグルテンが強くなって粘りが増し、指にくっつかなくなってくる。

⑦生地を引っぱって、なめらかにのびて膜のようになればこねあがり。

⑧生地の表面がきれいになるように形よく丸める。

〈一次醗酵〉

⑨

⑩

⑪-a

⑪-b

⑨⑧の生地をボウルに入れ、32〜37度前後で約2時間、一次醗酵させる。

※ドレッジ（パン用ヘラ）でしごいて取り出すので、ボウルに油脂はぬらなくてもよい。

⑩生地が約2倍の大きさ（体積）にふくらむまで待つ。

⑪醗酵の状態はフィンガーテストで確認（a）。人差し指に粉をつけて第2関節までを生地に差し、引き抜く。穴が少し縮みながら残っている状態ならちょうどいい（b）。穴が押し戻されて閉じるようなら醗酵不足。指を差し込むだけでガスが抜け、生地がしぼんでくるときは過醗酵。

★生地は乾燥させず、過醗酵にならないよう作業はタイミングよく

醗酵の際に生地が乾燥しない（水分が逃げない）ように、清潔な布きんを濡らして表面を覆うか、またはビニール袋をかけて口を縛っておく（布きんやビニール袋が生地に直接触れないように注意する）。

乾燥しそうなら表面にスプレーで霧吹きする。

なお、二次発酵でも同様にする。

〈分割・ベンチタイム・成形〉

⑫

⑬

⑭

⑮

⑫ドレッジなどを使ってボウルから生地を取り出す。ガスが抜けないよう、生地の表面がそのまま上にくるようにする。

⑬生地を1個50gほどにスケッパーなどを使って押し切り（分割）、形をさっと丸く整える。

⑭分割した生地は10分ほど休ませる（ベンチタイム）。乾燥しないように濡れ布きんなどをかけておくとよい。

⑮手のひらと指の腹を生地にあて手前にひくように動かし、形を整える。
※あまり触りすぎると生地が傷んで、一次醗酵によって含まれたガスが抜けてしまう。

★ガス抜きはしなくてOK

ドライイーストなどは濃縮した大量の酵母菌がいっせいに小麦粉の酸素を消費するので、一次醗酵のあと酸素補給するためにガス抜きが必要。しかし、楽健寺のパン種の場合は醗酵が緩やかなのでガス抜きをしなくても、たいていはうまくできる。特に家庭でつくる程度の量であれば、ガス抜きは必要ない。

★ベンチタイムとは……

分割したときにパン生地を休ませることで、生地ののびがよくなり、扱いやすくなる。ベンチタイムの時間は、気温や室温によって変わる。夏場なら7～10分ほど、冬場は10～15分ほどが目安で、生地の表面の張りがゆるめばベンチタイム終了。のばした生地が縮ん

〈二次醗酵〉

⑯-a

⑯-b

⑯成形した生地を、オーブンシートを敷いた天板に並べ、35度前後で約2時間、2倍程度の大きさにふくらむまで醗酵させる。醗酵中に表面が乾いてきたときは、保湿のために途中で霧吹きをする。

※オーブンシートを敷くと、油脂を使わずにすむ。オーブンシートがなければ天板に油を塗っておく。

〈焼く〉

⑰予熱した180～200度のオーブンで約15分焼きあげる。天板を入れる前に生地とオーブン庫内にたっぷり霧吹きをすること。きれいなきつね色の焼き色がついたのを確認してから取り出す。

※ガスオーブン、電気オーブン、またメーカーによってもそれぞれ特徴や性能に違いがある。オーブンに付属の取扱説明書を参考に、使用するオーブンのクセにあわせて温度や時間の設定を調節し、経験を重ねながら、焼くコツをつかむこと。

で戻ってしまってうまく成形できないときは、ベンチタイムが不足しているので、さらに少し休ませる。

★分割・成形するときに打ち粉は使わない

生地がやわらかすぎてベタつくとき以外は、基本的には打ち粉は必要ない。生地の表面についた打ち粉は、一次醗酵をさせられないため、カビの原因になる。

★二次発酵でも生地の乾燥に注意

清潔な布きんを濡らして表面を覆っておくか、天板ごとビニール袋に入れて口を縛っておくなど、醗酵中に生地が乾燥しないように気をつける。

ホームベーカリーでつくる
——失敗しないために気をつけたいこと

楽健寺酵母のパン種でも、ホームベーカリーでのパンづくりが可能です。ただし、次のことに注意してください。

●天然酵母コースか、ドライイーストコースで

楽健寺のパン種を使ってホームベーカリーで焼くときは、まずは天然酵母コースに設定して、何度か試してみてください。パン種がきちんとつくれていれば、たいていの場合はうまくいくはずです。ただし、ホームベーカリーによっては、二次醱酵まではきちんとふくらんでいたのに、最終的には目の詰まったパンになってしまう、ということがあるかもしれません。これはホームベーカリーが他の天然酵母を前提にしているためで、ガス抜きのためのパンチが余分に行われている場合がほとんどです。そのため生地が傷んでしまい、ふくらまないパンになります。

パン種はきちんとできているのに、何度やってもふくらまないパンができる場合は、5時間ほどで焼けるドライイーストのコースでチャレンジしてみてください。ガス抜きのためのパンチの回数が少ないだけでなく、こねや醱酵の時間も短いため、生地の力（醱酵力）が消耗しにくいようです。

また、過醱酵になりやすい場合（醱酵がすすみやすい材料や具材を生地に混ぜる、外気が高温になる夏場など）や、具材の量が多く醱酵時に生地の立ち上がりが悪くなりやすい場合にも、約5時間ほどで焼けるドライイーストのコースが向いています。

●生地をこねているときのチェックを欠かさずに

ホームベーカリーでのパンづくりは、ドライイーストを使うなら、レシピどおりに材料をセットすれば、あとは焼きあがるまで機械任せにできます。しかし、楽健寺酵母のパン種を使う場合は、手作業の感覚で、生地のかたさや水分量のチェックが欠かせません。材料をセットしてこね始めたらフタを開け、生地の状態をみながら、やわらかすぎるときは粉を、かたすぎるときは水を加えて調整し、ちょうどよいかたさに仕上げます。このとき、こねあがったら生地を上から指でつついて、かたさを覚えておくとよいでしょう。

〈基本的な手順〉

①p.16のレシピにしたがって材料を用意する。

②パン種、水、塩、砂糖、油脂を入れ、最後に強力粉を加える。

③メニューを「天然酵母コース」にセットしてこね始める。

④材料が一つにまとまってきたら生地の状態をチェックする。水分が多くて粉が少ないと、生地が壁にべったりくっつく。④の場合は水分過多。

⑤耳たぶのようなほどよいかたさになるよう、適宜、強力粉や水を少しずつ加えて調整する。

※ホームベーカリーの羽根が回っているときに粉や水を一気に入れると、周囲にはねてまわりを汚すので注意。

⑥生地の加減がよくなったら、生地が壁から離れて丸い形になっていく。あとは寝て待つだけでよい。

★生地に具材を混ぜるとき

ホームベーカリーの具材の自動投入容器に具材の全量をセットできない場合、入りきらない分は、小麦粉やパン種などの材料と一緒に入れる。ただし、つぶれやすいもの（ソフトタイプレーズンなど）、醗酵を妨げる酵素があるもの（イチジクやクコなどのドライフルーツ）は、成形段階でフタを開けて投入すると、上手に焼ける。

食パン

外側はカリッと、中はもっちりの、食べ飽きない基本のパン。バターやジャムをつけず、そのままで食べると、楽健寺酵母のうまさがよくわかります。

材料《幅 10 ×奥行 20 ×高さ 10cm の食パン型 1 個分》

強力粉…280g
パン種…130g
砂糖…14g
塩…5g
水…175ml
油脂…5〜10g

つくり方

1 p.17の要領ですべての材料を混ぜ合わせ、耳たぶほどのかたさの生地にこねあげ、32〜37度で約2時間、一次醗酵させる。
2 1の生地を取り出して約300g×2個に分割し、丸めて生地が乾かないようにして約10分ベンチタイムをとる。
3 生地は表面がなめらかになるように両手で丸めて成形し、2個並べて型に入れる。テフロン加工されていない型には、内側にあらかじめ油（分量外）を塗っておく。
4 32〜37度で約2時間、生地が型より2cmほど高くふくらむまで、二次醗酵させる。
5 4とオーブン庫内に霧吹きをして、予熱した180度のオーブンに入れて約15分、200度にあげて表面にきつね色の焼き色がつくまで約35分焼く。
6 焼きあがったら型から取り出し、網または乾いたタオルなどにのせて水分をとる。

3

4

全粒粉パン

全粒粉パンが苦手な方にも食べやすく、ふっくら口当たりもやさしくしあげました。
全粒粉の味わいもしっかり楽しめます。

材料 《楕円形 4 個分》

強力粉…200～230g
全粒粉…90～60g
パン種…135g
砂糖…15g
塩…5g
油脂…5～10g
水…175ml
＊強力粉＋全粒粉の分量が290gとなるように調節する。

●全粒粉は食物繊維が多くグルテンが少ないため、全粒粉だけだとふくらまないかたいパンになる。ふっくらしたパンがお好みの方は粉の総量の20～30％がおすすめ。

つくり方

1 p.17の要領ですべての材料を混ぜ合わせ、耳たぶほどのかたさの生地にこねあげ、32～37度で約2時間、一次醗酵させる。
2 1の生地を取り出して約150g×4個に分割し、丸めて生地が乾かないようにして約10分ベンチタイムをとる。
3 生地は表面がなめらかになるようにしながらクーペ型に成形し、閉じ目が下にくるように天板に並べる。
4 3を32～37度で約2時間、二次醗酵させる。
5 4とオーブン庫内に霧吹きをして、180～200度に予熱したオーブンで25～30分焼く。

2

ライ麦パン

痩せた土地でも育つ生命力が強いライ麦を混ぜたパン。
ふんわりとして食べやすい配合にしています。

材料 《6個分》

強力粉…200〜230g
ライ麦粉…90〜60g
パン種…135g
砂糖…15g
塩…5g
油脂…5〜10g
水…175ml
＊強力粉＋ライ麦粉の分量が290gとなるように調節する。

●ふんわり食べやすいライ麦パンにしたいときは、ライ麦粉の分量は粉の総量の30〜20%が目安。
●ライ麦粉入りの生地はべたつきやすい。生地が指にくっつかなくなる程度に強力粉を加えながらかたさを調整する。
●ライ麦粉を多くしたいときは、増やした分だけ強力粉を減らすこと。ただし、ライ麦にはグルテンがないので多くするほど生地がしまったパンになる。

つくり方

1 p.17の要領ですべての材料を混ぜ合わせ、耳たぶほどのかたさの生地にこねあげ、32〜37度で約2時間、一次醗酵させる。
2 **1**の生地を取り出して約100g×6個に分割し、丸めて生地が乾かないようにして約10分ベンチタイムをとる。
3 生地を丸めて成形し、閉じ目が下にくるように天板に並べる。
4 **3**を32〜37度で約2時間、二次醗酵させる。
5 **4**とオーブン庫内に霧吹きをして、180〜200度に予熱したオーブンで25〜30分焼く。

3

ミルク・豆乳パン

牛乳や豆乳を入れると、ふっくらしっとり、やさしい味にしあがります。
醗酵しやすく失敗が少ないので、初心者の方におすすめ。

材料 《15個分》

強力粉…275g
パン種…130g
砂糖…14g
塩…5g
油脂…5〜10g
水…85〜115ml
牛乳または豆乳…60〜90ml
＊水＋牛乳（豆乳）の分量が175mlとなるようにする。

●牛乳（豆乳）は90ml以上入れると生地がふくらみにくくなるので注意。

つくり方

1 p.17の要領ですべての材料を混ぜ合わせ、耳たぶほどのかたさの生地にこねあげ、32〜37度で約2時間、一次醗酵させる。
2 1の生地を取り出して約40g×15個に分割し、丸めて生地が乾かないようにして約10分ベンチタイムをとる。
3 手のひらの上で生地を表面がなめらかになるように丸め直して成形し、天板に並べる。
4 3を32〜37度で約2時間、二次醗酵させる。
5 4とオーブン庫内に霧吹きをして、180〜200度に予熱したオーブンで25〜30分焼く。

3

4

バナナパン

遠い南国で時間をかけて育てられたバナナをふんだんに使ったパン。
水を少なくしてこねあげるほど、バナナの甘みと香りがしっかり楽しめます。

材料 《6個分》

強力粉…280g
パン種…130g
砂糖…14g
塩…5g
油脂…5〜10g
水…80〜30ml
バナナ…100〜150g

●ホームベーカリーではこねの力が足りないため、以下の材料に。バナナ風味がほんのりするふんわりしたパンになる。焼き方のメニューは、ドライイーストの5時間コースがおすすめ。
材料
バナナ…65g
水…150〜160ml（牛乳、豆乳を水の代わりに2〜3割使うと美味）
砂糖…10〜14g
※他は手ごねの材料と同様。

つくり方

1 ボウルに砂糖、塩、パン種、2mm幅に切ったバナナ、油脂を入れ、ふるいにかけた強力粉を、全量入れずに1割ほど残して加える。
2 バナナを押しつぶすようにしながら手でこねる。少しずつ水を加えながら材料が混ざって粘りが出て、生地が一つにまとまってきたら、平らな台に取り出し、さらにこねる。
3 生地のかたさをみながら残した強力粉を加えて、耳たぶほどのかたさの生地にこねあげ、32〜37度で約2時間、一次醗酵させる。
4 **3**の生地を平らな台に取り出して約100g×6個に分割し、丸めて生地が乾かないようにして約10分ベンチタイムをとる。
5 生地の表面がなめらかになるように、なまこ型に成形し、天板に並べる。
6 **5**を32〜37度で約2時間、二次醗酵させる。
7 **6**とオーブン庫内に霧吹きをして、180〜200度に予熱したオーブンで25〜30分焼く。

1

2

3

レーズンパン

干しぶどうならではの酸っぱさと甘さが、懐かしさを感じさせてくれるパン。
卵を加えればリッチな風合いになります。

材料 《クーペ型6個分》

強力粉…280g
パン種…130g
砂糖…14g
塩…5g
油脂…5〜10g
水…150ml（卵を使用しない場合は約175ml）
卵…25g（約1/2個分）
レーズン（お好みのドライフルーツ）…40〜60g
＊水＋卵の分量が約175mlとなるようにする。

●レーズンはさっと洗って入れると、やわらかくなって風味も増す。
●ラム酒等に漬け込んだレーズンでも分量は同じ。
●レーズンを入れすぎると、レーズンの重量で生地の立ちあがりが悪くなる。
●ホームベーカリーでは、ソフトタイプのレーズンは、自動投入容器に入りきらない分を、生地の成形段階でフタを開けて入れると、こねすぎて形がつぶれるのを防げる。

つくり方

1 レーズンは湯または水でさっと洗い、水気をきっておく。
2 ボウルに砂糖、塩、パン種、溶き卵、水を入れ、スプーンや木ベラなどで材料をよく混ぜ合わせる。
3 **2**にふるいにかけた強力粉を、全量入れずに1割ほど残して加え、スプーンや木ベラなどで混ぜる。粉と水とがまじりあったら油脂を加えてさらに混ぜ、適当な粘りが出たら手でこねる。
4 生地が一つにまとまったら、取り出してさらにこね、耳たぶほどのかたさの表面に少しつやのある生地にこねあげる（p.17参照）。こねあがる直前に**1**のレーズンを加え、生地全体に練り込む。生地がやわらかいときは残した強力粉を加えて調整する。
5 **4**の生地を丸くまとめてボウルに入れ、乾かないようにして32〜37度で約2時間、一次醗酵させる。
6 生地を取り出して約100g×6個に分割し、丸めて生地が乾かないようにして約10分ベンチタイムをとる。
7 **6**の生地を表面がなめらかになるようにクーペ形に成形して、天板に並べる。
8 **7**を32〜37度で約2時間、二次醗酵させる。
9 **8**とオーブン庫内に霧吹きをして、180〜200度に予熱したオーブンで25〜30分焼く。

クルミとイチジクのパン

全粒粉を10%ほど混ぜることで、より深みのある味わいにしあげました。
朝食にも、ティータイムにもぴったりのパンです。

材料 《2個分》

強力粉…260g
全粒粉…25g
パン種…130g
砂糖…14g
塩…5g
油脂…5〜10g
水…175ml
クルミ…35g
乾燥イチジク…35g

●乾燥イチジクは電子レンジに短時間かけて殺菌をするか、熱湯に1分ほどくぐらせて使うとよい。イチジクの種類によっては、グルテンを分解する酵素の強いものがあり、表面がへこんでしまったりして、うまくパンがふくらまないことがあるため。
●干し柿やクコの実なども立ちあがりが悪くなりやすいので、イチジクと同様の処理をするとよい。
●ホームベーカリーで焼く際、クルミやイチジクが自動投入容器に入りきらない場合は、レーズンパン(p.34)と同様、残った分を成形段階で投入する。

つくり方

1 クルミとイチジクは、包丁で適当な大きさに刻んでおく。
2 ボウルに砂糖、塩、パン種、水を入れ、よく混ぜ合わせる。
3 **2**に全粒粉とふるいにかけた強力粉を、全量入れずに1割ほど残して加えて混ぜる。生地が一つにまとまったら平らな台に取り出し、耳たぶほどのかたさの生地にこねあげる(p.17参照)。こねあがる直前に**1**を加え、生地全体に練り込む。
4 **3**の生地を丸くまとめてボウルに入れ、乾かないようにして32〜37度で約2時間、一次醗酵させる。
5 生地を取り出して2個に分割し、丸めて生地が乾かないようにして約10分ベンチタイムをとる。
6 **5**の生地を表面がなめらかになるように丸形に成形して、天板に並べる。
7 **6**を32〜37度で約2時間、二次醗酵させる。
8 **7**とオーブン庫内に霧吹きをして、180〜200度に予熱したオーブンで25〜30分焼く。

7

野菜パン

季節野菜や野草の風味とも相性がいい楽健寺酵母。生の野菜だけでなく、
茹でた野菜でもＯＫ。好みの具を入れて食べごたえのあるパンを楽しんでください。

材料 《12個分》

強力粉…260～270g
パン種…130g
砂糖…14g
塩…5g
油脂…5～10g
水…140ml
野菜…50g

●野菜の下処理のしかた
・アクの少ない葉物類（ハーブ類、間引き菜など）…生のまま細かく刻む。
・アクの強い葉物類（ほうれん草、よもぎなど）…茹でて細かく刻む。
・根菜・芋類（にんじん、かぼちゃ、さつまいも、栗など）…茹でるか、蒸して、1cm角など食べやすく切る。
※野菜類は水分をしっかりきってから加える。

つくり方

1 野菜はペーパータオル等で水けをよくふき取り、包丁で適当な大きさに刻む。
2 p.17の要領で、野菜以外のすべての材料を混ぜてこねる。
3 生地がこねあがる直前に1の野菜を加える。生地がやわらかいようなら強力粉を加えてかたさを調整し、耳たぶほどのかたさの生地にこねあげ、32～37度で約2時間、一次醗酵させる。
4 生地を取り出して50g×12個に分割し、丸めて生地が乾かないようにして約10分ベンチタイムをとる。
5 4の生地を表面がなめらかになるように成形し、天板に並べる。
6 5を32～37度で約2時間、二次醗酵させる。
7 6とオーブン庫内に霧吹きをして、180～200度に予熱したオーブンで25～30分焼く。生の野菜を加えたときは、焼き入れを念入りにする。

3

6

グリーンピースパン/ブルーベリーパン

楽健寺酵母は豆類や果実とも相性抜群です。
他のパンにくらべて傷みやすいので早めに召し上がってください。

材料 《4個分》

強力粉…270g
パン種…130g
砂糖…14g
塩…5g
油脂…5〜10g
水…135〜170ml
<具>
グリーンピース（生）…30g
ブルーベリー（生）…50g

●豆や果実の水分が多いときは、水の量を控え目にしておくとよい。
●やわらかい食感の豆がお好みの方は、塩ひとつまみ（分量外）を入れた熱湯でさっと湯がいたグリーンピースを加えるか、缶詰のものを使う。いずれもよく水けをふき取って入れる。
●豆や生の果実を入れたパンは、夏場は傷みが早くカビが発生しやすいので注意。

つくり方

1 p.17の要領で、具以外のすべての材料を混ぜ合わせ、耳たぶほどのかたさの生地にこねあげ、32〜37度で約2時間、一次醗酵させる。
2 グリーンピースまたはブルーベリーは水で洗い、キッチンタオルなどで水けをよくふき取り、それぞれ2等分しておく。
3 **1**の生地を取り出し、約100g×4個に分割し、約10分ベンチタイムをとる。
4 分割した生地は手のひらで押し広げてから麺棒で丸くのばし、真ん中に具を置いて包み、丸型に成形する。残りの3つの生地も同じようにして成形する。
5 **4**を天板に並べ、32〜37度で約2時間、二次醗酵させる。
6 **5**とオーブン庫内に霧吹きをして、180〜200度に予熱したオーブンで25〜30分焼く。

4

4
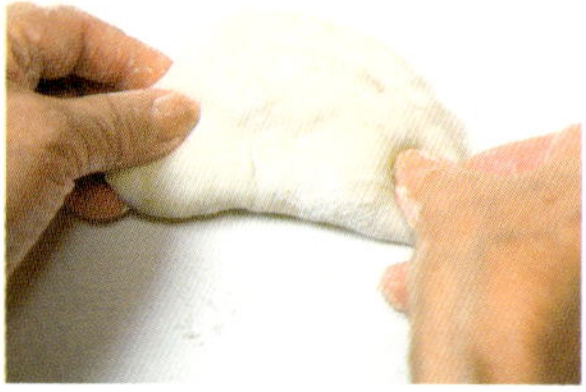

5

ハーブパン

バジル、ローズマリー、タイム、ミント、しょうが、にんにくなど、季節のハーブをお好みでどうぞ。具材をはさんでサンドウィッチにするのもおすすめです。

材料 《6個分》

強力粉…280g
パン種…130g
砂糖…14g
塩…5g
油脂…5〜10g
水…150〜175ml
バジルなどのハーブ…適量

●乾燥した粉末状のハーブを使うときは、1で強力粉を混ぜるときに一緒に加える。生のハーブを使ったときは、しあげの焼き入れを念入りに。
●ハーブを入れすぎると、過醗酵でガスが逃げてしまい、へこんだパンになることがある。
●葉ものは細かく刻んでから、しょうが、にんにくなどはすりおろして加える。水分の出る具材を加えるときは、その分、水の分量を控える。

つくり方

1 バジルはさっと水で洗って、ペーパータオル等で水けをしっかりふき取り、適当な大きさに刻んでおく。
2 p.17の要領で、バジル以外のすべての材料を混ぜ合わせ、耳たぶほどのかたさの生地にこねる。
3 **2**の生地にバジルを加える。生地がやわらかいようなら強力粉を加えてかたさを調整する。耳たぶほどのかたさにこねあげ、32〜37度で約2時間、一次醗酵させる。
4 **3**の生地を取り出し、約100g×6個に分割して丸め、生地が乾かないようにして約10分ベンチタイムをとる。
5 **4**の生地は幅10cmほどの円盤型に成形する。残りの5つの生地も同じように成形する。
6 **5**を天板に並べ、32〜37度で約2時間、二次醗酵させる。
7 **6**とオーブン庫内に霧吹きして、180〜200度に予熱したオーブンで25〜30分焼く。

6

カレー粉パン（スパイスパン）

カレー粉を生地に直接混ぜ込んだスパイシーな風味のパン。
少し小ぶりのほうが食べやすく、テーブルロールにもぴったりです。

材料　《7個分》

強力粉…280g
パン種…130g
砂糖…14g
塩…5g
油脂…5〜10g
水…175ml
カレー粉…2〜3g（好みの辛さに調節する）

●スパイスは黒こしょう、クミン、キャラウェイ、シナモンなどもおすすめ。加える量は、強力粉の重量に対して約1％（約3g）程度まで。スパイスの種類により異なりますが、多量に入れると過醗酵となりふくらまないパンになります。
●ごま、紫芋粉、よもぎ粉末、麻の実などを入れてもおいしい。分量の目安は同上です。いろいろ試してオリジナルなパンに。
●ホームベーカリーで、香りをよく出したいときは、一次醗酵後の生地の成形時に投入するとよい。

つくり方

1 p.17の要領で、すべての材料を混ぜ合わせ、耳たぶほどのかたさの生地にこねあげ、32〜37度で約2時間、一次醗酵させる。
2 1の生地を取り出して約85g×7個に分割し、丸めて生地が乾かないようにして約10分ベンチタイムをとる。
3 生地の表面がなめらかになるようにして小さいなまこ型に成形し、天板に並べる。
4 3を32〜37度で約2時間、二次醗酵させる。
5 4とオーブン庫内に霧吹きをして、180〜200度に予熱したオーブンで約25〜30分焼く。

3
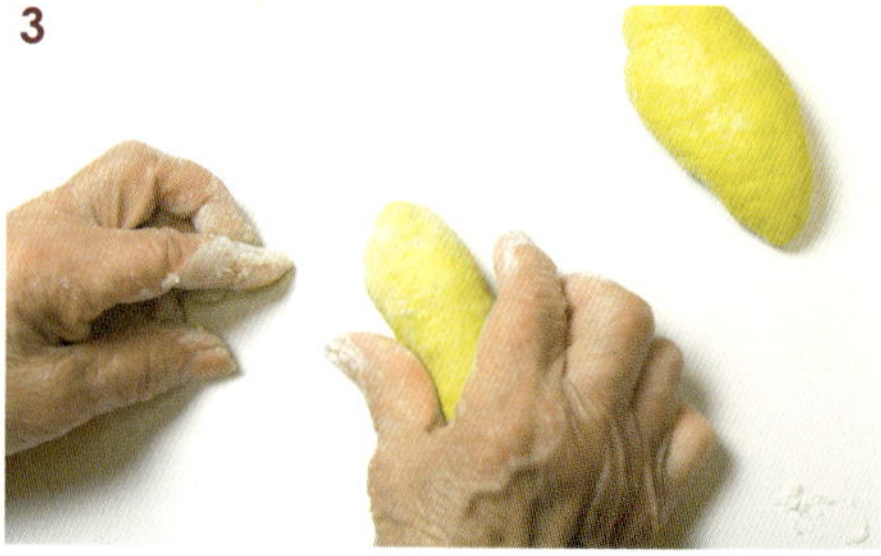

4

米ぬかパン

米ぬかは醗酵を助ける素材の王様。パン生地を作るときに炒った米ぬかを入れると、スムーズに醗酵して失敗なし！　香ばしさと甘さも楽しめる健康パンを食べましょう。

材料　《４個分》

強力粉…250g
パン種…130g
砂糖…10～12g
塩…5g
水…175ml
油脂…5～10g
米ぬか…3g

●米ぬかの生臭さが残らないように、十分に炒るのがポイント。
●糖分の多く含まれた米ぬかを入れると、よく醗酵するので、好みで砂糖を少なめ（米ぬかの分量分）にしてもよい。
●混ぜる米ぬかの量は2～3gが目安。多く入れ過ぎると、甘みは増すが米ぬか臭が気になる場合も。
●成形は、食パン風、プチパン風などお好みで。

つくり方

1 米ぬかはフライパンに入れて弱火にかけ、香ばしくなるまで焦がさないよう念入りに炒る。
2 p.17の要領で、すべての材料を混ぜ合わせ、耳たぶほどのかたさの生地にこねあげ、32～37度で約2時間、一次醗酵させる。
3 **2**の生地を取り出して約150g×4個に分割し、丸めて生地が乾かないようにして約10分ベンチタイムをとる。
4 生地をコッペパン風のなまこ型に成形し、天板に並べる。
5 **4**を32～37度で約2時間、二次醗酵させる。
6 **5**とオーブン庫内に霧吹きをして、180～200度に予熱したオーブンで約25～30分焼く。

4

ごまチョコパン

黒ごまの香ばしさが引き立つぐらい、少し多めにごまを加えるのがおすすめ。
おやつパンが少し大人なテーブルロールに大変身です。

材料 《12個分》

強力粉…250g
パン種…130g
砂糖…10〜14g
塩…5g
油脂…5〜10g
水…175ml
製菓用チョコレート（固形）…30g
黒ごま…3g

●製菓用チョコレートの代わりに、下記のものでもよい。
・ココア粉末…3g＋板チョコレート…20g（刻んで加える）
・キャロブ粉（イナゴマメの粉：ココアに似た風味）…強力粉の量の1%（3g）まで。
●黒ごまをドライフルーツ（約35〜40g）やドライナッツ（約30〜35g）に代えてもおいしい。
◎参考までに…相性のよい組み合わせパン♪
・黒豆・栗（約35〜40g）&白ごま（3g）
・調理したさつまいも（約50g、粉末の場合は3g）&黒ごま（3g）

つくり方

1 p.17の要領で、砂糖、塩、パン種、水、を混ぜ合わせる。
2 1にふるいにかけた強力粉を、全量入れずに1割ほど残して加え、さらに製菓用チョコレートとごま、油脂を入れて手で混ぜ合わせる。
3 生地が一つにまとまってきたら平らな台に取り出し、さらにこねる。耳たぶほどのかたさの生地にこねあげたら、32〜37度で約2時間、一次醗酵させる。
4 3の生地を取り出して約50g×12個に分割し、丸めて生地が乾かないようにして約10分ベンチタイムをとる。
5 P.20の要領で丸く成形して、天板に並べる。
6 5を32〜37度で約2時間、二次醗酵させる。
7 6とオーブン庫内に霧吹きをして、180〜200度に予熱したオーブンで25〜30分焼く。

2

5

pain aux raisins
pâtisserie

バターロール

テーブルロールの定番。
焼きたてのバターの香りは食欲をそそられます。

材料 《10～12個分》

強力粉…280g
パン種…130g
砂糖…21g
塩…5g
バター…50g
水…110ml
牛乳…40ml
卵…25g（約1/2個分）

6-ⓐ

6-ⓑ

6-ⓒ

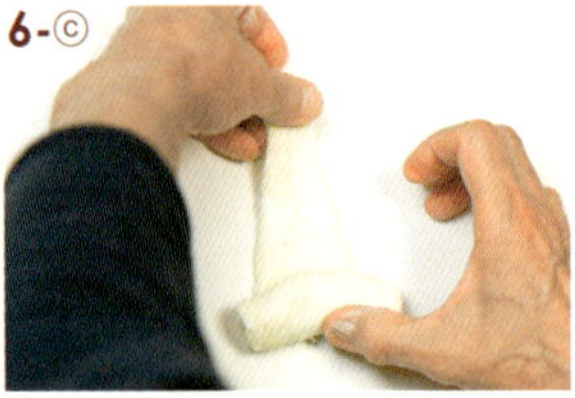

6-ⓓ

つくり方

1 バターは冷蔵庫から出し、室温でやわらかくしておく。
2 ボウルに砂糖、塩、パン種、溶き卵、牛乳、水を入れ、スプーンや木ベラなどで材料をよく混ぜ合わせる。
3 **2**にふるいにかけた強力粉を、全量入れずに1割ほど残して加え、スプーンや木ベラなどで混ぜる。粉と水とが混ざったら、**1**のバターを加えてさらに混ぜ、適当な粘りが出たら手でこねる。
4 生地が一つにまとまったら、平らな台に取り出してさらにこね、耳たぶほどのかたさの生地にこねあげる。
5 生地を取り出して10～12個に分割し、丸めて生地が乾かないようにして約10分ベンチタイムをとる。
6 生地は麺棒で縦に長細い三角形にのばし（ⓐ）、溶かしバター（分量外）を表面に塗る（ⓑ）。底辺から頂点に向かって生地をクルクル巻き込むように成形し（ⓒ、ⓓ）、天板に並べる。
7 生地を32～37度で約2時間、二次醗酵させる。
8 **7**とオーブン庫内に霧吹きをして、220度に予熱したオーブンで約15分、160度で約5分焼く。

フランスパン

強力粉と薄力粉とを組み合わせることで、皮のバリッと感だけでなく、
中のもっちり感もしっかり楽しめます。かたい皮を噛みしめながら食べてください。

材料 《2個分》

強力粉…250g
薄力粉…50g
パン種…130g
塩…5g
水…160ml
油脂…5g

●フランスでは風土的に生地に弾力性のある強力粉となる硬質小麦が収穫できず、薄力粉となる軟質小麦しか収穫できないので、バリッとした皮のかたいフランスパンがつくられてきたといわれています。その魅力を生かしながら、中のもっちり感も楽しめるよう薄力粉＋強力粉の配合にしました。

つくり方

1 p.17の要領ですべての材料を混ぜ合わせ、耳たぶほどのかたさの生地にこねあげ、32～37度で約2時間、一次醗酵させる。
2 1の生地を取り出して2分割し、丸めて生地が乾かないようにして約10分ベンチタイムをとる。
3 生地を麺棒で縦6×横20cmほどの大きさにのばし、向こう側から手前に巻き込むように丸め、形を整えて閉じ目が下にくるように成形し、天板に並べる。
4 生地を32～37度で約2時間、二次醗酵させる。
5 水で濡らしたナイフなどで、生地に斜めの切り込み（クープ）を入れる。
6 5とオーブン庫内に霧吹きをして、250度に予熱したオーブンで約15分、160度で約5分焼く。

3

5

ベーグル

楽健寺のパン種でつくると、さらに深みのある味と、すごいもっちり感！
一度食べたらやみつきになるベーグルです。

材料 《直径8cmのもの6個分》

強力粉…280g
パン種…130g
砂糖…14g
塩…5g
水…175ml

つくり方

1 p.17の要領ですべての材料を混ぜ合わせ、耳たぶほどのかたさの生地にこねあげ、32〜37度で約2時間、一次醗酵させる。

2 1の生地を取り出して約95g×6個に分割し、丸めて生地が乾かないようにして約10分ベンチタイムをとる。

3 2の生地は表面がなめらかになるようにしながら長さ15cmほどのひも状にのばし、両端をつなげてリング状に成形する。

4 3の生地を熱湯に入れて茹でる。生地が浮いてきたらすくいあげ、天板に並べる。

5 4とオーブン庫内に霧吹きをして、180〜200度に予熱したオーブンで25〜30分焼く。

パニーニ

パニーニはイタリア風サンドウィッチ。採れたての野菜やチーズをお好みで挟んでどうぞ。
塩味だけでもおいしくいただけます。

材料　《6個分》

食パン生地…約600g
(p. 24参照)
パンにはさむ具材(トマト、パプリカ(赤・黄)、バジル、チーズ、などお好みのもの)…適宜

●にんにくの断片をパンにこすりつけ、ガーリックの風味がきいたスペイン風も格別。

つくり方

1 一次醗酵させた食パン生地を約100g×6個に分割し、丸めて生地が乾かないようにして約10分ベンチタイムをとる。
2 打ち粉をして生地を麺棒で直径10cmほどの楕円形にのばして成形する。
3 生地を天板に並べ、ひとさし指を水で濡らして生地に数カ所くぼみをつける。
4 3とオーブン庫内に霧吹きをして、180度に予熱したオーブンで焼き色がつくまで約20分焼く。
5 パンをナイフで半分に切り、油脂類を塗ってから、間にお好みの具材をはさむ。野菜は軽く塩味をつけておくとよい。お好みでこしょう等をかけていただく。

ナン

楽健寺のパン種でつくったナンは、カレーがなくてもやめられないおいしさ。
新鮮な生野菜やチーズをのせて、オープンサンドにして食べてもおいしいです。

材料　《６枚分》

食パン生地…約600g（p.24参照）

つくり方

1　一次醗酵させた食パン生地を約100g×６個に分割し、丸めて生地が乾かないようにして約10分ベンチタイムをとる。

2　打ち粉をして**1**の生地を麺棒でインド亜大陸（インド半島）型の三角形や、楕円形などお好みの形にのばす。

3　テフロン加工のフライパンを中火で熱し、油をひかずに生地を入れる。底面に薄く焼き色がついたら裏返して逆側も焼き、両面にこんがり焼き色がつくまで約５分ほど焼く。

2

3

楽健寺の野菜カレー

冷蔵庫の野菜を一掃するためにも、ときどき野菜カレーをつくって
ナンと一緒にいただきましょう。材料は表記どおりでなくても OK。
コンニャクをちぎって放り込んで
“肉の代わり”なんていいながら、食べています。
食パンをちぎって加えるのがポイント！
うまみ（だし）が出て、肉にまさるとも劣らない深い味わいになります。

材料 《4人分》

じゃがいも…大2個
にんじん…1本
なす…1本
玉ねぎ…中1個
パプリカ（赤・黄）…各1/2個
しょうが・にんにく…各1かけ
カレー粉…大さじ2〜3
水…600ml
塩…適量
チーズ…40g
バター…15g（大さじ1）
ローリエ…適宜
楽健寺酵母食パン…100g

●コンニャクを入れてもおいしい。手でちぎったら塩を少量まぶして軽くもみ、3〜4分置いてから水で塩を洗い流す。手順6で加えて野菜とともに煮込む。

つくり方

1 じゃがいも、にんじん、なすは乱切りに、玉ねぎとパプリカ（赤・黄）は約1cm幅のくし型切りにする。
2 しょうがとにんにくはみじん切りにする。
3 熱した鍋に油（分量外）をひき、2を入れて香りが出るまで弱火で炒める。
4 3に玉ねぎを加えて透きとおるまでよく炒めたら、残りの野菜も加えて中火で色よく炒める。
5 カレー粉を加えて混ぜ、弱火で焦がさないように炒め、カレーの香りをひきたたせる。
6 野菜がひたひたに浸る程度まで水を入れ、チーズとバター、ローリエを加えて中火で煮る。
7 煮立ってきたら食パンをちぎって加える。
8 塩味を加減し、味が足りなければさらにカレー粉、こしょう等を加えてひと混ぜし、野菜がやわらかくなるまでよく煮る。

ピザ

生地のうまみで、チーズがなくても食べごたえあるピザになります。
ソースやトッピングはお好みでどうぞ。

材料 《5枚分》

食パン生地…約600g(p.24参照)
オリーブオイルまたは溶かしバター…適量
お好みのソース、トッピング…適量
(写真はバナナ、ブルーベリー、ミント)

●具材の水分で生地がビシャビシャにならないように、生地にオリーブオイル等を塗っておく。

つくり方

1 一次醗酵させた食パン生地を120g×5個に分割し、丸めて生地が乾かないようにして約10分ベンチタイムをとる。
2 打ち粉をして、1の生地は直径15cmほどの丸い円になるよう、生地を回しながら麺棒で均一に押しのばす。
3 クッキングシートを敷いた天板に、2の生地をのせ、生地の表面にオリーブオイルを塗る。
4 生地にお好みのソースを塗り、トッピングをのせる。
5 4とオーブン庫内に霧吹きをして、180度に予熱したオーブンで生地の縁にうっすら焼き色がつくまで約15分焼く。

ラッキー

玄米粉と黒ごまの香ばしい、さっくりした食感のふた口サイズのクッキーのようなパン。
ティータイムのお茶うけにもぴったりです。

材料 《約40～50個分》

強力粉…200g
玄米粉*…80g
パン種…130g
砂糖…14g
塩…5g
油脂…5～10g
水…175ml
黒ごま…5g
*玄米をコーヒーミルで挽いたものでOK。

つくり方

1 p.17の要領ですべての材料を混ぜ合わせ、耳たぶほどのかたさの生地にこねあげ、32～37度で約2時間、一次醗酵させる。
2 **1**の生地を取り出し、生地が乾かないようにして約10分ベンチタイムをとる。生地がのびやすくなるまでしっかり休ませる。
3 生地を麺棒で厚さ1cmほどに薄くのばす。スケッパーで5cm角に切るか、クッキーの金型でくり抜くなどして好みの形にし、天板に並べる。
4 180～200度に予熱したオーブンで表面にうっすら焼き色がつくまで約15分焼く。

アップルパイ風

食パン生地にバターを多く練りこめば、パイ風生地に。
クロワッサン生地（p.61 参照）にしてもおいしい。

材料　《１個分》
強力粉…280g
パン種…130g
砂糖…14g
塩…5g
バター…10g
水…175ml
<煮りんご>
りんご…1個
レモン汁…小さじ1

●煮りんごのつくり方
りんごは皮をむいてひと口大に切る。鍋に入れ、弱火でりんごがやわらかくなるまで煮る。煮えたら冷ましておく。

つくり方

1 ボウルに砂糖、塩、パン種、水を入れてよく混ぜ合わせ、強力粉を加えて粉と水がなじむまでさらに混ぜる。
2 室温に戻しておいたバターを**2**に加え、ひとまとまりの生地にこねあげる。
3 **2**の生地を2等分する。片方は焼き型と同じ大きさに薄くのばして型に敷き、底にたくさんの空気穴をつくるためフォークで突き刺す。もう一方の生地は8等分して、型の直径ほどの長さのひも状にする。
4 生地を敷いた型に煮りんごを型の高さまで敷きつめる。8本のひも状の生地を格子状になるように置いていく。
5 180～200度に予熱したオーブンで表面にうっすら焼き色がつくまで約25分焼く。

クロワッサン生地のつくり方

材料
《クロワッサン12個分》

A
- 強力粉…225g
- 薄力粉…55g
- パン種…130g
- 砂糖…21～16g
- 塩…5g
- バター…15g
- 水…140ml
- 卵…25g（約1/2個）

バター（折り込み用）…140～115g
卵（つや出し用）…25g（約1/2個）

つくり方
1 p.17の要領でAの材料を混ぜ合わせて生地をこねる。
2 1の生地は丸く形を整え、容器に入れてラップをかけ、冷蔵庫で30～60分冷やす（夏期は少し長めに）。
3 折り込み用のバターは厚さ1cmに切って小麦粉をまぶし、ラップに並べて包む。麺棒で20×20cmにのばして冷蔵庫で15～30分冷やす。
4 冷やした2の生地を麺棒で30×30cmに押しのばす。
5 生地の中央に3のバターをのせて包み込み、ラップに包んで冷蔵庫で10～20分休ませる。
6 冷蔵庫から取り出した5の生地を、麺棒で平らに押しのばす。平らになった生地を三つ折り（10×30cm）にしてラップに包み、再び冷蔵庫で10～20分休ませる。
7 6を2回繰り返したあと、30～60分さらに冷蔵庫で冷やす。生地を2つに分け、それぞれを18×40cmにのばし、二等辺三角形状（18cmの高さ）に6等分する。
8 6等分したそれぞれを、二等辺三角形の短い辺から、先端を押さえて引っ張りながら巻いていく。
9 巻き終わりを下にして、天板に間隔（約1個分）をあけて並べ、霧吹きをしてラップをかけ、室温で40～60分（約2倍になるまで）醗酵させる。
10 刷毛で表面につや出し用の卵を塗り、200～220度に予熱したオーブンで約10分焼く。一度に焼けない場合は、過醗酵しないように冷蔵庫で保存する。

パコーラ（揚げパン）

あまった生地で楽しめる揚げパン！　おやつにぴったり！
お好みで野菜やドライフルーツなどを混ぜれば、いろいろな味が楽しめます。

材料　《12個分》

食パン生地…約600g（p.24参照）
揚げ油…適量

●ドライフルーツや野菜などを混ぜるときは**2**の手順で。
●取り出す直前にやや火力を強め、揚げ油の温度を上げてから引きあげると、カリッと油切れよくしあがる。

つくり方

1 一次醗酵させた食パン生地を約50g×12個に分割し、丸めて生地が乾かないようにして約10分ベンチタイムをとる。
2 **1**の生地をそれぞれ直径3〜4cmに丸める。
3 鍋に揚げ油を約180度に熱し、生地の真ん中を指でくぼませて鍋の縁のほうから滑り込ませるように入れる。
4 生地がまん丸にふくらみ、こんがりときつね色になるまで揚げる。

3

4

パンスープ

楽健寺パンと玉ねぎ一個で即座に作れる風味ゆたかなパンスープ。
パンからうまみもしみ出ておいしさもアップします。

材料 《4人分》

楽健寺酵母食パン…100g
玉ねぎ…中1個
水…800ml
バターまたは植物油…少量
塩・こしょう…各少々
パセリ…適宜

●**3**でパンと一緒にお好みのチーズを加えても美味。
●スープに浸けても溶けにくいので汁の具にもなる。食パンを2cm角に切って味噌汁に入れると、まるで麩のような味わい。

つくり方

1 玉ねぎは5〜7mm幅の薄切りにする。
2 弱火で熱したフライパンにバターを入れて溶かし、玉ねぎを加えて透きとおるまで炒める。
3 **2**に水を加えて中火で煮る。煮立ってきたら火を弱め、食パンを手でちぎって入れ、さっと混ぜる。ひと煮立ちさせたら、塩・こしょうで味を調える。
4 器に盛り、好みで刻んだパセリを散らす。好みでパルメザンチーズを振りかける。

2

3

お好み焼き

少量のパン種を入れると、ふんわりした食感の、胸焼けしない消化のいいお好み焼きになります。醤油であっさりいただくのがおすすめ。

材料　《２枚分》

小麦粉…50〜100g
パン種…大さじ1〜2
キャベツ…100g
青ねぎまたは万能ねぎ…
　50〜100g
長いも…50g
卵…2個
しょうが、天かす…適宜
醤油…適宜
かつお節、青のり…適宜

2

つくり方

1 キャベツはせん切り、青ねぎはみじん切り、長いもは洗って皮ごとすりおろす。

2 ボウルに1の野菜、卵、しょうがのせん切り、パン種を入れて、スプーンなどでよく混ぜ合わせる。

3 材料どうしが絡み合うようになるまで、小麦粉を少しずつ加える。最後に天かすを加えて混ぜ合わせる。

4 熱したフライパンに油（分量外）をひき、3の生地を流し入れ、弱火でフタをして焼く。底面に焼き色がついたらひっくり返し、フタをとりさらに焼く。逆面にも焼き色がついたら、皿に取り出す。

5 はけで醤油を塗り、フライパンで炒ったかつお節、好みで青のり等をふりかける。

楽健寺酵母のはなし

パンとの出会い――木工職人からパン職人へ

楽健寺の天然酵母パン工房を設立したのは1974年（昭和49年）春、桜の咲くころでした。開設した記念に、友人が何十人も工房に集まって、焼きあげたばかりのパンをちぎって食べながら乾杯したことが思い出されます。それまでパンとはまるで縁のない額縁のメーカーとして木工所を経営していた私が、二軒使っていた木工所のひとつを天然酵母パン工房につくりなおして、パンの普及に力をいれるようになっていったのはなぜでしょうか。

25歳のとき、喘息の発作が起きるようになりました。指物《さしもの》職人だった父とまったく同じ年齢で、同じ病《やまい》を発症。父は薬の力に頼り、苦しみを酒で紛らわせるような暮らしを続け、生涯喘息に苦しみました。私も闘病当初は、同じ病気の先達である父のアドバイスであれこれ薬を探し、効かなくなっては新しい薬を求めるという治療をしていました。しかし、10年たっても一向に治らず、次第に慢性の治療困難なからだへと自分を追い込んでいきました。

そんなとき、玄米を食えと言う僧侶と出会いました。病気を治すのは、薬なんかではなく、こころの持ち方や食べ物（食生活）にあることを教わりました。毎日何気なく過ごしている生活のあり方にこそ、治療の根本がある。漢方医学やアーユルヴェーダ（インド伝承医学）をひも解いてみれば、明白で基本的なことですが、西洋医学中心の現代の科学思想による教育で育てられた私にとっては、思いもよらないことでした。

玄米食をはじめて3カ月すると、喘息は影をひそめました。しかし、今度は慢性の下痢の症状に悩まされるようになりました。そんなとき、友人から「酵素がいい」というアドバイスをもらい、早速ある酵素メーカーの社長を訪ねました。それから酵素飲料を飲んだり、酵素風呂に入ったりしているうちに、慢性の下痢もやがて治ってしまい、手足の冷えもなくなりました。

あるとき、その社長さんから、玄米よりもっとからだにいい天然酵母パンの作り方を教わり、家で焼き始めました。最初は石のようにかたいパン、食べられないほどすっぱいパンとか、失敗ばかりでしたが、根気よく1年ほど繰り返しパンづくりを続けているうちに、おいしいパンがつくれるようになりました。

1970年代のはじめ頃、世間は絵画ブームに沸いていました。絵画を購入すれば、じきに値上がりして儲かるという話に尾ひれがついて、無名に近いような画家の絵でも百貨店や画廊で競って買いまくるような状況です。絵画が売れるのですから、額縁屋が潤うのは当然のことです。しかし、このブームに水をかけて火を消す男があらわれたのです。議員だった野末陳平氏が、異常な絵画ブームについて国会で質問をしたのです。それを境に、画廊から百貨店まで、絵画の売れ行きがぴたっと止まってしまいました。風が吹いて潤っていた私の仕事も、まったく注文がなくなるというほどの落ちこみよう。いずれ回復するだろうと頑張っていましたが、いちど冷めた絵画ブームが元にもどることはありませんでした。

赤字が続くようになり、なんとかしなくてはと考え始めた私にひらめいたのが、木工の工房を改造して、二年ほど前からつくって食べている天然酵母パンのベーカリーに生まれ変わらせようというアイデアでした。

喘息を克服するために、玄米食や天然酵母パンをつくるようになっていた私には、パンから学ぶこと、見えるようになったことがいっぱいありました。とくに、市販されているパンとの比較研究にも取り組むことで、パンがどのような歴史をもった食品であるかということも次第にわかってきました。パン屋さんがいまも使っている生イーストや家庭で使うためのドライイーストなども、検討課題でした。こんな研究にも取り組みました。

実験で「醗酵」の本当の意味が見えてきた

パンづくりにのめり込んでいく中で、市販のパン酵母や、自分が培養している酵母のことを知るために、これまでいろいろなテストをやりました。

例えば、市販のパンを買ってきて、自分がつくった楽健寺酵母のパンと別べつの皿に入れて並べておいて観察する、ということをやったときのことです。

自然環境には、いろいろな生き物がいて、つねに食べられる餌を探しています。このとき、ショウジョウバエが、どこからともなく飛んできて、楽健寺酵母パンに止まりました。その様子をじっと見ていたのですが、いつになっても隣のケミカルイーストでつくられた市販のパンには寄りつきません。また、天然酵母パンという名前で売られている市販のパンを買ってきて、一緒に並べて観察してみると、ショウジョウバエはこのまがいものの天然酵母パンも無視して決して寄りつきません。それは何故なのでしょうか。

ショウジョウバエは生きている酵母を食べる生き物なのです。熟してきて醗酵しかかった果物や、純米酒など、いっさい添加物がない食品に飛んできてたかるのです。言い方を変えると、生きた酵母のいない餌のない食べ物にショウジョウバエは当然見向きもしません。つまり、楽健寺酵母のパン種でつくったパンには、まだ生きた酵母、ショウジョウバエの栄養になるものがあるということです。

それからさらに数日、皿にのせたまま観察しました。どのパンにカビが早くついたでしょうか。

ケミカルイーストでつくられた市販のパンは保存料が使われていても、間もなくカビが生えてきましたし、多くの天然酵母パンと称するパンにも、じきにカビがやってきましたが、じっくり醗酵させて完熟した楽健寺のパンにはなかなかカビがきません。カビと酵母は同じ栄養を好むため、完熟したパンにはカビが繁殖する栄養が残っていないのです。つまり、醗酵によって別の化合物に変化しているため、パンの表面が老化してくるまでカビはつかないのです。これが時間をかけて醗酵させ、完熟した楽健寺酵母パンと、ケミカルイーストで単にふくらませたパンとの違いなのです。

そもそもイーストとは酵母菌のことですが、野生酵母菌から醗酵力の強い菌を選び出し、それだけを大量に培養する方法で作られるのがケミカルイーストといわれています。パン屋さんで使われる生イーストや、家庭用に使われるドライイーストのことです。20世紀の初め頃、ドイツが第一次世界大戦に敗れ、パンづくりに使っていたジャガイモも不足して困っていたとき、ハイダックという先生が野生酵母から分離・培養した中から醗酵力の強い酵母を取り出して、カエデの廃糖蜜を培養基として強制通気培養法でつくる方法を発明してできたのが、ケミカルイーストの始まりです。酵母菌がはたらきやすい環境では45分で醗酵し、パンづくりが容易になったため世界のパンづくりの主流となり、この方法に変わってきました。この流れは、有機農法だった昔の農業が化学肥料に変わっていったのと同じく大きな変革で、得たものと失ったものについての考察がなされないまま、歴史がすぎていったのです。

では、醗酵とはなにか。食品微生物学的な定義から考えますと、使用した材料が食品微生物（酵母や酵素）のはたらきによって別の化合物に変化することを醗酵というのです。ケミカルイーストの出すガスによってパンをふくらませることは、完熟させるための醗酵ではありません。この定義の意味を踏まえたパンかどうか、ということを考察することが大事です。パンは、どのようにしてつくられたかという、パンづくりの手順、製造時間によって、醗酵食品としてのパンなのか、インスタントパンなのかということが判別できます。

この「時間をかけて醗酵し、完熟させる」というのが、本来の醗酵食品だったはずなのです。パンに限らず、お酒でも、味噌でも、醤油や漬物、ヨーグルトなどでも、醗酵させてつくる食品すべてにあてはまることなのです。

"食べる"から"いのち"を見つめ直す

食べ物は生命のもとです。だれもが食べ物を好きです。人間だけでなく、自然界の生き物はすべて食べることにいのちがけです。すべての動植物は食べることによって育ち、生きています。食べるということには、いのちがかかっています。仕事がなくて食っていけないということは、食べ物を断たれることを意味しています。就職難の時代に、必死になって仕事を探すのは、安定して食べ物を確保したいからにほかなりません。

私が楽健法やパン教室でお話しさせていただくときに、よく以下の九州の古謡（作者不詳）をとりあげています。

年中正月常月夜
早苗のめしにどぜう汁
かかあ十六おら二十
減らぬお金が百貫匁

（意味）
毎日が正月だったら、月夜の明るさが毎晩あれば、どんなにかいいことだろう。
早苗（田植え）のころに去年とれた新米でご飯を炊いて、ドジョウ汁で白い飯を食えたら、どんなにかいいことだろう。

（いつまでも歳をとらず）かかあが十六でおらが二十であったなら、どんなにかいいことだろう。
使ってもその分のお金が財布に自動的に入ってくる、そんなお金が百貫匁あればどんなにかいいことだろう。

この九州の古謡というのは、菊岡久利《くり》という詩人が色紙に書いて、額に入れてあったのを拝見したことがあって記憶しているのですが、短い古謡のなかに人間が幸福であることの条件がすべて書かれていると思いませんか。

電気のない夜の暗い時代、人々は貴重な菜種油などに、木綿の糸をこよりにして灯芯をつくり、灯明皿に油を入れて小さな火を灯して、暗い手元のなかでわらじなどをつくったりしながら暮らしていたのでしょう。あるいは油がもったいなくて、暗くなると早々に眠りについていたに違いありません。夜明けとともに起き出し、農作業に一日を費やし、麦飯と味噌汁と漬け物程度の粗末な食事をかきこんで眠りについたに違いありません。

そうした状況では、人間が生きていくための条件、食べるということが、食べていけるということが、食べることを保証されるということが如何に困難であるかということの裏返しのような古謡だともいえます。

現代の日本人の暮らしでも、「かかあ十六おら二十」は無理かもしれませんが、ほかはこの古謡をすべて実現しているといえなくもありません。減らぬお金が百貫匁は年金。いちおう死ぬまでお金が入ってくることが保証されているわけです。こんなことは長い人類の歴史はじまって以来の仕掛けです。

とはいえ、一見なに不自由ない暮らしとも言えそうですが、本当にそうなのでしょうか。醗酵食であるはずのパン一つとっても、一般に売られているものは、「醗酵食」とは遠くかけ離れたものです。右記の詩に込められた先人たちの想いに心を馳せたとき、私たち現代人は、仮の食の豊かさにうかれるのではなく、もっと食べることに真摯《しんし》に向き合い、いのちを見つめ直すこと。そうした思いが欠けているように思えてならないのです。

楽健寺酵母パンづくりQ＆A

●パン種Q＆A

Q パン種づくりで、りんご、にんじん、長いもを使うのはなぜですか。

A いろいろな材料で試行錯誤した結果、年中入手できること、醗酵の安定、味と香りのバランスからできあがったのが、この組み合わせです。りんごも冷蔵したものが売られているので、ほぼ年中手に入ります。りんごには保存しておいたパン種の酸味を緩和して酵母菌を元気にさせる役割もあるので、旬にこだわって冷蔵のものを使わないなどという頑固さはもたないようにして、おいしいパンをつくっていきましょう。

ほかの野菜や果物でつくれば、それぞれ違った風味のパンになります。長いもの代わりにじゃがいもを使ったこともありますが、生のいもの匂いのするパンができました。ボイルしてから使うと、じゃがいもの匂いが抑えられます。思わぬおいしさに出会えるかもしれませんので、いろいろ試してみるのもよいでしょう。

Q りんご、にんじん、長いもは、どれも皮をむかずに使っていますが、農薬を使ったものでも皮はむかないのですか。皮ごと使わないとパン種やパンのできあがりが変わりますか。

A 皮はむいてもかまいませんが、りんごなどは皮と実の間に栄養があると言われていますので、きれいに洗ってそのまま使うといいでしょう。有機農法で育てられた旬のものがベストですが、あまり神経質にならないで、スーパーなどで身近に買える新鮮な材料を使って、楽しみながら最高のものにしあげる気持ちで取り組んでください。

農薬の心配がある野菜、果物を使う場合は、水で洗ったあと、塩水に5分ほどつけ、さらに新しい塩水に替えて約5分つけおきます。そのあと流水で洗うと、ほとんどの農薬は分解され除去することができ、味もよくなります。少々手間がかかりますが、気になる方はこうして使ってください。

Q パン種を醗酵させても、倍になるほどふくらみません。パンづくりに使っても大丈夫ですか。

A

パン種をつくるときに水分が多くてやわらかかったことが考えられます。パン種の粘度が低いと、醗酵で生まれる炭酸ガスが気泡になって逃げだしてしまって、持ちあがらないことがあります。混ぜてみて、やわらかいときは、小麦粉を加えて、味噌より少しやわらかい程度に調整してください。砂糖は、なめてみてかなり甘く感じる程度に調整しましょう。「料理に砂糖はいっさい使わないので」と、パン種にも砂糖を入れたがらない人がときどきいますが、糖分は酵母が分解してアルコールと炭酸ガスに変えてしまい、入れた砂糖がすべてそのままつくったパンの甘みになるわけではありません。糖分はパン種を醗酵させる必須の栄養分なので、こだわらないで、科学的に判断しましょう。

パン種は30度以上の温度で、一晩ねかせて醗酵させることが大切です。翌日、いったんふくらんだパン種が元の高さまで下がります。水分が底面にたまっていますので、かき混ぜてから使ってください。

このときアルコールのいい匂いがしていればOKです。アルコールの香りがしてこないときは醗酵がまだ不足していま す。温度が低ければ、もう少し時間を与えて醗酵させましょう。

20度以下になると、酵母のはたらきが弱く、醗酵がゆっくりになります。冬場はとくに時間がかかります。ぜひ醗酵させるための簡単な仕掛けを用意してください。

段ボール箱のなかに、熱吸収のよい黒いビニール袋にパン種のビンを入れて、陽のあたる窓辺に置くとか、ビンの横に湯たんぽを入れるなどしてください。電気アンカでパン種のビンを包みこむようにして、ビニール袋に入れて保温してやる方法もあるでしょう。

30度から40度までの範囲、体温ほどが酵母のはたらきがもっとも活発になる温度です。

Q パン種をつくるときに、害のある菌が混入して増えたりすることはないですか。

A

酵母菌のなかで危険な菌などは一緒に繁殖できません。酵母菌はコロニー（集団群落）をつくって、他の菌などは排斥する性質をもっています。つまり、酵母菌は仲間以外の菌は寄せ付けないので危険な菌などは混在できないのです。酵母菌はつねに新しい培養基を与えることで、酵母菌の群落を形成して育ちます。長時間手入れをしないと、乳酸菌などが増えますが、また新しい培養基に入れることで、酵母菌がはたらきはじめて他の菌を排除分解しながら酵母菌が増殖します。この繰り返しです。ぬか漬けと同じように、繰り返してつくることが大切です。

Q 保管しておいたら、パン種の上面が変色してしまいました。すっぱい香りがしますが、パン種やスターターに使えますか。

A パン種には使えませんが、スターターとしては使えます。その際は、酸化で変色した部分は取り除いてください。長い間保管しておくと、エサとなるものがなくなって酵母菌がはたらかなくなり、他の菌が繁殖してきます。すっぱい香りがするのはそのためです。新しい培養基が与えられると酵母は活性化してきます。

パン種をパンづくりに使う場合は、醗酵させて2〜3週間程度までです。それ以降は酵母菌のはたらきがおとろえて醗酵力が落ちてくるのでパンづくりにはむきません。そのパン種はスターターとしては使えます。

Q 納豆とパン酵母を一緒に保管しておくと、ダメになると聞いたことがあります。同じ冷蔵庫で保管してはダメですか？

A そんなことはありません。納豆が冷蔵庫に入っていても大丈夫です。あなたが納豆を食べてももちろんパン種に影響はありません。たくさんの方が楽健寺の天然酵母パンを同じような条件でつくっておられます。ぜひチャレンジしてみてください。

納豆菌をむきだしにして同じ冷蔵庫に入れるなんてことはまずないと思いますので、そんな心配はまったく無用ですし、本当にそんなことが起きるかどうか、試してみるのも大事な経験です。

関西でも納豆はありふれた食べ物で、私の冷蔵庫にも絶えずあります。でも同じ冷蔵庫で保管しているパン種が、納豆菌によるダメージを受けたことはありません。素人の俗説です。

天然酵母パン種は、そんなものではありません。同じ保温器で納豆とパン種を同時に醗酵させるのはいけないと思いますが、容器に入った納豆を同じ冷蔵庫に入れて、トラブルが起きたことはありませんから、気にせずつくってみてください。

納豆は私も大好きですし、家内もよく食べていますが、それでパンがつくれなくなったことは、30数年来一度もありません。

●生地づくりQ＆A

Q 一次醱酵で温度をかけても、生地がいつまでたっても倍程度の大きさにふくらんできません。かたく目の詰まった、酸味もかなり強いパンになってしまいます。

A よく醱酵しきらないパン種を使ってパンをつくったときに起こることが多いです。パン種がしあがっているかどうかの見極めは、アルコールの匂いがしているかどうかです。うまくできないという相談者のほとんどが、パン種が醱酵しているかどうか見分けられないで、アルコールの匂いがしない未熟段階で、早めにパンづくりにとりかかっています。アルコールの匂いがしてくるのは、パン種を仕込んで保温し、醱酵のピークを過ぎて、かさが下がってからです。アルコールの匂いがするまできちんとパン種を醱酵させてください。

なお、どんな季節でも質の安定したパン種をつくるには、醱酵させるための仕掛けをつくるか、保温の方法を工夫することも一つの手です。パン種についてのQ＆Aで触れていますので、よく読んでコツを理解してください。

Q 砂糖や油脂を使わずに、楽健寺酵母パンをつくることはできますか。

A 砂糖や油脂を使わなくても、楽健寺酵母パンはつくれます。ただ、おいしいパンをつくるためには、砂糖も油脂も必須の素材です。酵母菌がもっともはたらきやすい条件であれば、天然酵母パンの一次醱酵、二次醱酵のそれぞれ醱酵時間は約2時間10分で、この醱酵時間のあいだに、使った素材は酵母や酵素のはたらきで分解し、からだによい必須アミノ酸を生みだします。楽健寺の天然酵母パンはこの必須アミノ酸をつくるために手間と時間をかけて醱酵食品としてのパンづくりをやっているといえます。楽健寺酵母のパンにカビが生えにくいのも、カビと酵母菌が同じものを栄養にして育つために、完熟させてできあがったパンにはカビがとりつく生の栄養が酵母に分解されて残っていないからです。それだからなのかわかりませんが、小麦粉に対して食物アレルギーがある方から、「食べても平気だった」と連絡をいただいたこともあります（注）。

砂糖は酵母の栄養となって醗酵を促すはたらき、油脂には生地のキメを細かくし、やわらかくしっとりとしあげるはたらきなど、おいしくするための役割がそれぞれの材料にあります。どちらも大量に入れるわけではありませんので、特段の事情がなければお使いください。

（注）食物アレルギーには個人差があるので、試される方はご自身の責任においてお願いします。

●その他Q＆A

Q　ほかのパン酵母を使ったレシピで、パン酵母を楽健寺酵母パン種で焼くにはどうしたらよいでしょうか。

A　一概には言えませんが、下記の分量をひとつの目安に、いろいろ試しながら焼いてみてください。

●楽健寺天然酵母：粉の総分量の30～35％を使う。
●水：粉の総分量の約40％。水以外のもの、例えば牛乳、豆乳、果汁、野菜汁、卵などを含む場合は、それらの液体の総分量。ただし、水以外の液体の総分量を60％以上で使用すると、生地に負担が生じてふくらみが悪くなったりする。なお、夏期（室温25度以上のとき）には、5～6％少なめの分量で、5度の冷水を使用するとふくらみのよいパンになる。
●砂糖：小麦粉の5％。
●塩：小麦粉の2％。塩の少なすぎる生地は、味とともに締まりのないパンになる。
●油脂：小麦粉の3～4％。
●具材：1斤あたり40～65g。粉末のスパイス等は小麦粉の1％未満。それ以上の量を入れると、生地の立ち上がりに負担がかかることがある。

楽健寺天然酵母パンについての問い合わせ先

●パンづくり全般についての質問・問い合わせ

■真言宗　磐余山《いわれさん》　東光寺　楽健法本部（山内宥厳）
〒633-0053　奈良県桜井市大字谷 381-1
電話　090-4301-0228　　FAX　0744-46-2410
e-mail　yugenytokoji@gmail.com
<楽健寺酵母パンのホームページ>
http://www.asahi-net.or.jp/~be5y-ymnu/tnkb.html

●楽健寺の天然酵母パンのパン種の注文も、上記にお願いいたします。

※楽健寺パン工房は、2020年11月末をもって廃業しました。
　このパンづくりは自分で作れるように普及するという主旨で営業してきましたのでパン種は従来通り販売を継続します。

●天然酵母パン種…4500円（送料込）

注：パン種の発送は、随時対応いたします。
お時間いただく場合もあります。余裕をもってご注文ください。

あとがきにかえて

楽健寺パン工房を設立した2年後の1976年、大阪大学医学部で衛生学の教授をしておられた丸山博先生との出会いがありました。その出会いがきっかけで、私は「アーユルヴェーダ研究会（1999年、日本アーユルヴェーダ学会と改称）」と「有害食品研究会」という、二つの会の事務局長を引き受けるという運命的なできごとが起こりました。また、天然酵母パンと並行して、楽健法を広めるためにも活動を展開していきました。このような経緯をまとめて『日本未来派』という詩の雑誌に掲載しました。

これはパンづくりをはじめたことで、私というひとりの人間がどのような人間に育っていったかという記録でもあろうかと思います。楽健寺の天然酵母パンも楽健法も人類がより進化するための文化として伝え、残していきたいというのが、私が楽健寺の天然酵母パンを一個の文明批評として継続している理由です。

（以下、『日本未来派　2－5号』に掲載した「詩と経験～この世の終わりのその日の夜明け」より）

ひとは癌という病気をとても怖がる。癌の宣告を受けると、たいていのひとは絶望する。体感的にはどこにも異常など感じていなくても、健康管理のつもりで受けた健康診断などの結果、癌を宣告されたりすると、とたんに、死と隣り合わせになった気持ちになり、ひとの元気の気がなかば死んでしまう。

いままで終わることはないと思っていた平穏な日常から、生存の時間を限られた枠のなかへ放り込まれた気分に支配される。カウントがはじまったのだと思いこみ、なんとか逃れるすべはないかとあがきのたうちまわる。現代医学の癌の三大治療、手術、抗ガン剤、放射線治療、あるいはそれを拒絶しての自然な療法など、なにを選択するかは自分の意思次第だが、どれかを選択するとしても、どれも信ずるには足りない。ほとんどのひとはみんなが選ぶ三大治療の道へと向かうことになる。真っ黒のマイナスイメージのなかで、奇跡は信じたいが「この世の終わりのその日の夜明け」は確実に近づいてくると思いこむ。

詩と経験というテーマに、癌のたとえを持ち出すのはふさわしくないかも知れないが、癌の経験をすることは人生の一大事である。生か死かという難問以上の問題はあるまいと思われる。癌患者の苦悩に比すれば、詩の経験などというテーマはなんと些末で取るに足りないことだろうか。

癌は現代の流行病で、現代医学が進歩したといいながら、死者数が少なくなったわけではなく、治療がすすむにつれ、ひとびとがどういう結末を迎えるのか誰でも知っている。癌ほど人間の想像力を刺激し続ける病気はないかも知れない。癌より怖い病気が沢山あるにもかかわらず、人はそれほど日常的に不安を抱いて、想像力をかき立てられることはない。交通事故死を恐れるに似て、現実に起きるまでは他人ごとなのだ。癌は突然死することがなく、かなり長い時間、生体の摂理に逆らう過酷な治療を受けながら死んでいくために、恐怖が大きいのである。宣告を受けても、気にしないでほったらかしておけば、あるいはなにがいけなかったかという生活習慣に気づいてそれをやめれば、風邪でもひいていたかのように、そのうち消えてしまうかもしれないのであるが、そんな奇跡はあり得ないと思いこむところから暗い想像力が活性化するのだ。

　しかし、癌の宣告を受けて死と直面しながら、その経験を詩に書くという人間も大勢いる。末期の経験について、ペンを走らすということは、詩人ならではのことかも知れない。

　死への経験を目をそらさずに書き残すということは、物書きにとって千載一遇の恰好の悲劇的題材ではないだろうか。そのときにこそ、自己・人間の本質と向き合って、揺れ動く己の死と向き合ったこころを詩と化することができるのである。

　死を見つめるということは、詩を生まざるを得ないこころではないだろうか。

「あと一時間だなぁ」

老衰しきった小柄な躰で、ながくものをいわなかったのにぽつりとそういった。躰に起こってくる死への移行の体内の変化を、この人はずっと観察していたのだと知って、奥さんはいかにもこの人らしいと、冷静な気持ちでこの最後の一言を受け止めた。きっちり一時間後に彼は息をひきとった。納得した表情で微笑していた。丸山博、１９９６年10月10日享年87歳。ひとりの衛生学者が消えた。

　私が、桜の頃になると訪れたくなるのが河内長野の観心寺である。国宝の如意輪観音の年一度の秘仏本尊御開扉が4月17～18日で、観心寺では桜の花見頃でもある。観心寺の門前には古い平屋の大きな家の、昔は料理屋かなにかだったそうだが、阿修羅窟という名前の茶店がある。ここの御主人は佐藤任さんといって、インド哲学の在野の研究家でアーユルヴェーダや密教関連の本もたくさん出版しておられる、かなり変わり者の友人である。

　私がはじめて観心寺の御開扉に参拝したのは、１９７６年の4月18日のことであった。御本尊の木彫如意輪観音は、薄暗い本堂の正面の御厨子に祀られていて、この扉が開けられ、彩色がまだ鮮明に残っている六臂《ろっぴ》像の御本尊がほのかなライトに浮かびあがる。住職の丁寧な解説があり、信者というよりは、この仏像のファンと呼んでもいいひとたちが全国からやって来て、長時間、飽かず対面して座っている。

観心寺の気風とでもいうか、宣伝も控えめなので、あまり混むというほどの人出ではなく、落ち着いて拝観することができる。私は境内の散策のあと、阿修羅窟へ行き、忙しく賄いで立ちはたらいている主に声をかけてから座敷へあがった。座敷からは裏庭に咲いている満開の桜が一望でき、その向こうの一段低くなったところは川が流れ、瀬音が聞こえている。佐藤さんが間も無くやってきて「山内さん、面白い方を御紹介しましょう」といって、近くに座っている小柄な老人のところに誘った。この場所では和服のほうが似合いそうな風貌の小柄な痩せた人だった。挨拶を交わし、向かい合って微笑しながら私を観察しはじめたのが、大阪大学医学部の衛生学の教授だった丸山博先生で、私が頭を下げたとたん矢継ぎ早に質問が飛んできた。

「きみはなにをする人かね」からはじまり、答えるたびに「それから」といって先をうながすのであった。そのつど「詩を書いています。彫刻をやっています。指物師です。真言宗の僧侶です。天然酵母パンを焼いています。楽健法というものを広めようと活動しています」などと、やや詳細にもわたって答えたが、まだまだ他にもなにかしている人間だと、見通しておられる様子であった。

「それから」

「芝居をやっています」と答えたとき、

「ほう…どんな芝居をやるのかね」

と話題がしばらくそこで立ち止まった。

そこで、翌月に公演予定の『がらんどうは歌う』という芝居のことを話すと、「観たいものだね。観に行ってもいいかね」といたく興味をしめされたので、後日招待券をお送りした。

芝居仲間の中島陸郎につよく勧められて私が初めて書いたこの一人芝居は、南区の島之内小劇場(教会)で再演されることになっていて、私は演出を担当し、俳優浜崎満が演じた。公演の初日に、丸山先生は奥さんと観に来られ、舞台がはねると楽屋へとやって来た。

「山内さん。これは大変な芝居ですよ。感動しました。私は長年教育にたずさわってきましたが、これほど深いものを学生たちに伝えたことがないです。学生にこの芝居を見せて、わかったといえば卒業させていいような内容の芝居ですね」

丸山先生は熱っぽく、激賞してくださったのであった。

過分の褒め言葉だと思ったが、初対面のとき、いろいろ話しながら、この先生はなんと詩心をもったすごい人なんだろうと感じていたので、その先生からこのように言われたことは心底嬉しくもあった。

数日して、先生からお電話をいただいた。

弾むような明るい気分で、「まーるーやーまーでーす」とおどけるようにいってから、「先日はありがとう。いいものを見せていただいて。ところであなたに頼みたいことがある。少し力を貸していただけたら本当に助かるんだが……」

そうして出かけることになったのが始まりで、「アーユルヴェーダ研究会」と、「有害食品研究会」という二つの会の事務局長を引き受けることになったのであった。

このとき先生は阪大医学部教授を退職して三年目だった。稀有な詩心をもった恬淡《てんたん》とした先生であったが、恬淡とした空気の裏側には、人間の裏の裏まで喝破してやまない批判精神が息づいていた。当時はまだ食品や健康について問題意識をもっているひとはすくない時代であった。丸山先生がインド伝統医学や、日本人の毎日の食事や、有害食品について研究会をつくって活動をはじめたのは、破滅の淵に立ちながらそのことに気付いていない我々が、現状のまま放置すれば、取り返しがつかない禍根を残すことになるという、切迫した衛生学者としての先見の明があったからである。丸山博は、世の中の大きなことが、いくつも根本から間違っていることに気づいていた。

持論のひとつに、衛生学の位置づけがあった。衛生学という学問は、現代医学の枝葉の一分野として位置づけされているが、これがスタートとしての大間違いである。衛生学という幹があって、そのなかの枝、一分野として、現代医学というものがおかれなくてはいけない。出発点が間違っていれば、結果も間違ったものになってくるのは当然である。衛生学という幹のなかに医学が置かれていないから、人間を無視して技術が独走をする。こうした前提から、現代医学にたいする辛辣な批判をされたり、同僚の教授が問題なしと片づけようとしていた、森永ヒ素ミルク事件の患者の調査、「一四年目の訪問」などを実行され、無視されたまま処理済みにされそうになっていた事柄が闇のなかから明るみに出て、森永裁判の結果にも大きく影響することになった。

民衆は無知蒙昧《もうまい》だという前提で取り仕切ろうとするのは、為政者側の常套《じょうとう》手段である。不正であることを知りながら、行政や大企業に与《くみ》して片棒かつぐ、権威を笠に着た御用学者も大勢いる。そんな腐った魂を許せないのである。たびたびお目にかかるにつれ、丸山先生の思想に共感を深めるようになった私は、僧侶として自分なりの助力ができればと、研究会の活動に身を投じていったのであった。共感を覚えるようになったもう一つの動機は、自分でパン工房をつくって、のちに広く知られるようになった、楽健寺の天然酵母パンの研究に没入していたからである。

天然酵母パンの研究は市場に流通しているパンと、自分が手がけているパンとの比較研究でもあった。食品微生物学の本などを熟読しながら、ケミカルにつくられたイーストと、自分がつくっている天然酵母パンの酵母菌を、顕微鏡で観察したりしながら見えてきたことは、自然に依存していた昔の農業が、生態系を断ち切られた化学農法へ変わり、漢方医学が見捨てられて現代医学にとってかわったのとまったく同質の変化があらゆるジャンルにまたがった問題だということに気付きはじめていたからである。時代の進歩とは、祖先から受け継ぎ、長年積み上げてきた民族の叡知《えいち》やエートスを熟慮なく捨てて省みないことだった。

2007年末で通算一八年間続けたアーユルヴェーダの事務局長を辞退したが、あの丸山博先生との邂逅《かいこう》は、密教的にいえば、準備がととのった弟子に師があらわれたことを意味する。

ここに副題とした「この世の終わりのその日の夜明け」という表現は、ことばに関するひとつの私の経験である。このことばは1956年に初演された劇団・民藝の芝居で、アイルランドの劇作家J・M・シングの「西の国の人気者」の主人公(宇野重吉)がしゃべる台詞のなかにある。この戯曲の翻訳は菅原卓だったが、宇野重吉の独特の台詞回しで……この世の終わりのその日の夜明けまで……というくだりがあり、それを聴いたとき、膝を打つような思いで、耳朶《じだ》に焼き付いたのである。

岩波文庫『西の人気男』(翻訳・松村みね子)を購入して、該当部分を調べてみたら、この台詞は「最後審判の日まで」と訳してあり、「最後審判」には(さばき)とルビがあった。「さばきの日まで」と訳された台本だとしたらまったくこの躍動感はない。宇野重吉が「この世の終わりのその日の夜明けまで……」あの訥々《とつとつ》たる巻き舌でしゃべるのを聴いたとき受けたインパクトは、ことばを紡ぎ出す思考のあり方とはなにか、訳すとはなにか、という課題として石を投げられたと思ったのである。

詩的であるとか文学的であるとかいうことは、書き手が熟していなければ、単なる思わせぶりに過ぎないかもしれない。人間はイメージし、努力し、なにかを実現してきた存在である。現代の繁栄の極みにあるかに見える社会の姿は、人間の願望や幻想、つまりはイメージ、念力の所産にほかならない。夢想だと思えるような志向も、ひとたび念ずればいつかそれが現実になるということを私はたびたび経験した。

人生とは不可思議の森である。詩は、この森のなかの経験から流露して、自覚をもって書かれるということにほかならない。詩人になろうと思う人が詩人になれるのではなく、多岐にわたる経験のなかでいつしか錬れてきた人が、詩も書き、やがて詩人というものに育っていくのではなかろうか。